KB110671

세상 모든 엄마에게 올립니다.

님께

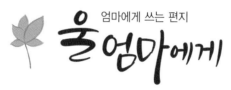

엄마에게 쓰는 편지

울 엄마에게

　엄마는 사람이 태어나 가장 먼저 배우는 단어이자 가장 마지막까지 가슴에 지니는 단어입니다. 엄마는 태어나면서 생래적으로 아는 단어이자 죽은 뒤에도 가슴에 묻고 가는 단어입니다. 그런 까닭에 엄마라는 존재는 모든 인간의 시원(始原)인 동시에 영겁회귀(永劫回歸)입니다.

　우리는 엄마의 아기집에서 열 달 동안 자란 뒤 비로소 세상의 빛을 보게 됩니다. 아기집에서 아이는 탯줄로 엄마와 연결돼 있습니다. 바로 그 탯줄이 한 인연의 시작인 것입니다. 태어나서도 아이는 오랜 세월 엄마의 품에 안겨 있어야 합니다. 제법 자라서 배로 바닥을 밀면서 손발로 길 때도, 두 발로 걷기 위해 걸음마를 할 때도 아이의 눈은 항상 엄마를 바라보고 있습니다. 이처럼 엄마는 모든 사람이 자신의 존재를 증명하기 위해 바라보는 거울입니다. 이 세상에서 가장 소중한 존재임에도 불구하고 아이들은 엄마에게 칭얼거리고 떼를 쓰고, 해찰을 부리고 투정을 하면서 어른이 되어 갑니다. 자식들이 천 개의 칼로, 만 개의 송곳으로 가슴을 찌르는 것 같은 고통을 주어도 엄마는 이런 시련을 마다하지 않고 자식을 자비로운 손길로 키우십니다.

　엄마라는 가장 숭고한 이름 앞에서 우리가 궁극적으로 배우는 것은 두 가지입니다.

첫째는 자비(慈悲)입니다. 엄마가 늙어서 어머니가 되었을 때 얼굴에 생긴 수많은 주름들은 자식들에 대한 한량없는 노고(勞苦)에서 비롯된 것입니다. 자식들을 향한 엄마의 마음은 어떠한 분별도 없습니다. 이는 마치 단비가 내려서 모든 초목을 적시는 것과 같습니다.

둘째는 무상(無常)입니다. 엄마에게 칭얼거리고 떼를 쓰고 해찰을 부리고 투정을 했던 자신의 행동에 대해 뉘우칠 때가 되면 이미 때가 늦기 일쑤입니다. 엄마에게 은혜를 보답할 날이 얼마 남지 않았기 때문입니다.

모자(母子)간의 인연만큼 소중한 것은 없습니다. 하지만 소중한 모자간의 인연도 한 번 나면 반드시 다함이 있을 수밖에 없습니다. 엄마가 평생 동안 자식들에게 일러 주신 것은 다름 아닌 아낌없이 사랑하라는 자애의 가르침입니다. 그 가르침을 가슴에 오롯이 간직한다면 엄마는 우리의 가슴에 영원토록 살아 계실 것입니다.

그러한 의미를 담아 엄마에게 쓰는 편지를 공모하여 몇 편을 책으로 준비하였습니다. 부디 이 인연으로 세상 모든 어머니의 크신 은혜를 생각하는 소중한 시간 되시길 바랍니다.

천태사문 도웅 합장

엄마에게 쓰는 편지
울 엄마에게

지난밤 꿈에 엄마를 보았습니다.

지난밤 꿈에 엄마를 보았습니다

멀고 먼 기억처럼 희미한 모습이었지만 한 눈에 엄마라는 걸
알았습니다. 꿈이란 늘 그렇지요. 생생한가 싶으면서도 희미하고,
뿌옇게 흐려지는가 싶으면서도 또렷하지요. 아침에 일어나 가물가물
흐려지는 꿈의 자락을 되짚으며 '참 별일도 다 있구나' 혼잣말을
했습니다.

70여 년의 세월이 흘렀습니다. 엄마는 저를 버렸지요.
세세한 사연은 알지 못해도 그럴 수밖에 없는 이유가 있었을 거라고
짐작은 했습니다. 엄마를 이해해 보려고 노력도 많이 했습니다.
그렇다고 해서 원망하는 마음이 사라지지는 않았습니다.
엄마 없이 자란 저의 어린 시절은 너무나 괴로웠으니까요.
매일매일 한순간 한순간을 엄마를 그리워하고,
미워하고 원망하다가도 애틋한 마음으로 기다리곤 했습니다.
그 시절 엄마는 꿈에서조차 모습을 보이지 않았습니다.

어른이 되어 스스로 살아갈 힘을 갖춘 후에도 텔레비전에서 부모의
보살핌을 받지 못하고 힘겹게 사는 아이들의 모습을 보면 나도 모르게
눈물이 흘렀습니다. 그 아이들이 지고 있는 삶의 무게가, 그 아이들의
앞길에 놓일 고통과 슬픔의 덩어리가 제 가슴을 무겁게 짓눌렀습니다.
그것이 무엇인지, 그것이 어떤 것인지 누구보다도 제가 잘 알고
있으니까요. 원망이라는 그 크고 무거운 돌덩이가 조금씩 깎여

가슴에서 사라지기까지 참으로 오랜 세월이 걸렸습니다.
붉게 헤집어진 상처도 세월이 지나고 보니 아물더군요. 미움도 원망도
시간의 재에 묻히더군요. 이제 다 지나갔다고 마음을 다독였습니다.
여태껏 저는 제 아픔만을 생각했습니다. 자식을 두고 떠나야 하는
엄마의 마음은 헤아리지 못하고 자식을 잃은 부모의 마음은 애간장이
끊긴다는데, 어쩔 수 없이 자식을 두고 떠나야 하는 엄마의 마음은
어땠을까요. 그 긴 세월 하루하루를 어떻게 살아 내셨습니까.

엄마!
70년 만에 마음을 다해 불러 봅니다. 어디에 계시더라도 어떤
모습으로 지내시더라도 부디 평안하세요. 지난밤 꿈에서 엄마는
저를 보고 환하게 웃으셨지요. 그 밝고 환한 웃음, 마음속에 고이
간직하겠습니다.

✉ 이정옥

엄마, 우리 다음 생에도 또 만나요.
저는 다음 생에도 엄마의 딸로 태어나고 싶어요.

엄마, 어떻게 지내시나요?

그곳에서 편안히 지내시나요?
돌이켜보니 엄마 생전에 편지 한 통 쓰지 못했더군요. 지금은 비록
이 세상을 떠나셨지만 제 마음이 잘 전해지리라 믿고 몇 자 적습니다.

며칠 전 엄마 외손주가 군에 입대했어요. 논산 훈련소 앞에서 함께
점심을 먹고 헤어졌는데 여러 가지 감정이 밀려들었어요. 갈 때는
넷이었는데 돌아올 때는 셋이었지요. 갑자기 눈물이 나서 펑펑
울었어요. 자식을 떠나보내는 마음이란 게 이런 것이구나,
그때 알았지요. 아이들을 키우면서 저희 자랄 때 엄마도 이랬겠구나,
하고 엄마의 마음을 헤아리게 돼요.
어릴 때는 제가 제힘으로 저절로 자란 줄 알았는데, 막상 아이들을
키우다 보니 어느 하나 쉬운 것이 없었어요. 없는 살림에 팔 남매를
잘 키워 주시고 바른길로 잘 이끌어 주셔서 고맙습니다.

제 마음속에는 항상 엄마가 함께 있어요. 저는 엄마가 늘 보고 싶어요.
맛있는 것을 먹으면 같이 먹고 싶고, 좋은 곳이 있으면 엄마랑 같이
가고 싶어요. 하지만 이번 생이 끝나기 전에는 다시 엄마를 볼 수
없다는 생각이 들어 눈물이 나곤 해요.

외롭고 힘들 때면 남편과 함께 엄마의 산소를 찾아가요. 엄마 앞에
앉아 이런저런 넋두리도 하고, 아름다운 고향 풍경을 눈에 담고

오면 엄마가 부드러운 손길로 제 등을 쓸어 주는 것처럼 마음이
편안해져요.

엄마를 떠올리며 두서없이 글을 적으려니 눈물이 자꾸 나네요.
엄마, 우리 다음 생에도 또 만나요. 저는 다음 생에도 엄마의 딸로
태어나고 싶어요. 그때에는 딸보다는 친구 같은 존재로 엄마 옆에
있고 싶어요. 엄마가 힘들 때 엄마의 마음을 미리 헤아리고, 엄마가
지칠 때 기대어 쉴 수 있는 그런 딸이 되고 싶어요.
엄마, 고맙습니다. 다시 만날 때까지 편히 계세요.

✉ 엄마의 딸이며 지연이의 엄마인 홍지은

보고 싶은 우리 임마

엄마, 엄마!
아무리 불러도 대답 없는 우리 엄마.
손이라도 잡고 싶어 두 손 번쩍 들어
높이높이 들어
아무리 잡으려 해도 잡히지 않네.
가난 속에서 우리 팔 남매를 어떻게 키우셨을까.
생각만 해도 가슴이 아려오네.

꽃은 피었다 지면 다음 해 다시 피건만,
우리 엄마는 어디로 가셨을까.
다시 오지 않으시네.
여덟 아이 키우신 우리 엄마.
고생 많이 하셨다고 꼭 안아 주고 싶지만.
아무리 안으려 애를 써도
안을 수 없네.

한 조각 뜬구름처럼 흘러가신 우리 엄마.
부디 극락세계에서 편히 계시라고
부처님께 열심히 기도드릴게요.

 이인희

사랑하는 우리 엄마 권옥순 여사님

엄마, 저를 이렇게 예쁘고 착하고 건강한 몸과 마음을 가진 사람으로
태어나게 해 주서서 감사하고 또 감사해요. 아마도 엄마, 아빠의
우월한 유전자 덕분인 것 같네요. 맞죠? 덕분에 지금껏 무탈하게
살았어요. 결혼도 하고 자식도 낳고 키우고, 행복하게 살 수 있게 해
주서서 감사합니다.

엄마, 생각나요? 제가 스무 살이 되던 해인가. 제게 했던 말.
"네가 좋아하는 언니랑 오빠는 너랑 동생이랑 엄마가 달라."
심장이 쿵 내려앉았어요.
나는 "왜?" 하고 물었죠.
언니, 오빠가 어렸을 때 편찮으서서 돌아가셨고, 그 후에 아빠와
결혼해서 저와 동생을 낳았다고 하셨지요. 언니, 오빠도 그동안
힘들었겠구나, 싶어서 마음이 아팠어요. 그러고 보면 언니, 오빠가
참 착해요. 엄마를 그렇게 사랑하고 나랑 동생도 사랑해 주니
항상 고마운 마음이에요.

얼마 전에 오빠가 많이 아팠지요. 어찌나 놀랐던지. 아프다는 소식을
듣고 오빠한테 갔죠. 그때 엄마 우는 모습을 보고 오빠가 걱정하지
말라고 위로하다가 같이 울었어요. 그 뒤로 엄마는 좋은 약이며 좋은
음식들을 오빠를 위해 정성껏 챙겨 줬어요. 그 덕분인지 오빠는
회복이 빨랐죠. 오빠가 좋아졌다는 소식을 듣고 우리 가족 모두

감사드렸죠. 어려움이 닥쳤을 때 가족들이 모두 함께 걱정해 주고
위로해 주고, 기도한 덕분에 힘든 일도 견디고 이겨낼 수 있었지요.
오빠는 이제 괜찮아졌으니 너무 걱정하지 마세요. 그동안 고생
많으셨어요. 앞으로 우리 가족 앞에 좋은 일만 있을 거예요.
이젠 아빠랑 재미있게 지내시고, 맛난 거 드시고, 좋은 데 구경
다니시면서 즐겁게 지내셨으면 좋겠어요.
이 딸내미가 자주 찾아뵐게요. 건강한 모습으로 손자, 손녀 결혼하는
것도 보고 그러고 삽시다요.

사랑하는 우리 엄마 권옥순 여사님.
다음 생이 있다면 그때도 엄마와 딸로 다시 만납시다.
그때도 내가 엄마, 아빠 온 마음으로 사랑할게요. 엄마, 아빠
딸로 태어나 살 수 있게 해 주셔서 고맙습니다.

✉ 엄마를 사랑하는 딸내미 정태숙

엄니 우리 엄니!

가난 때문에 늘 마음엔 기쁨 없이, 얼굴엔 웃음기 없이 살아오신 엄니!
이렇게 우리 사 남매 어렵게 홀로 키워 주셨지요. 이제는 가까이
계시며 친·외손주들까지 돌봐 주고 계시지요. 엄니께서 힘든 내색
안 하시고 늘 웃으시며 생활하시는 모습에 얼마나 고마운지 몰라요.

가끔 엄니랑 가까운 곳에 나들이할 때나 가족 외식 때,
"오늘은 내가 쏠게!" 하시며 큰손주에게 당신 카드를 건네며 행복해
하시는 모습을 뵐 때면 얼마나 감사한지 모르겠어요.

엄니 우리 엄니!
언제 찾아가 뵈어도 항상 바른 자세로 앉아 계시고, 새벽까지
부처님께 두 손 합장하고 기도하시는 모습. 저에게 늘 큰 본보기가
되어 주셨어요.

꽃같이 예쁘고 고우며 차돌같이 강했던 엄니께서 지금은 기력이 많이
쇠하셔서 무척 마음 아파요. 가끔은 목이 메어 눈물도 나요. 명장사
법회 날 함께 오시면 우리 부부도 마음 든든했어요. 많은 분들께 인기
많고 이쁜이 보살이란 별칭까지 있는 엄니, 건강 늘 챙기시고 많이
많이 웃으세요.

이 여름 가기 전 엄니 모시고 구인사 다녀오려고 합니다. 저녁 먹기 전

엄니께 가 볼게요. 대문 열고 "엄마!" 하고 부를 테니 어제처럼
"응, 어여 와!" 해 주셔요. 그리고 시원한 물도 주시고!

 이창성

서른셋의 젊은 엄마!

제가 서른셋이 되고서야 그 나이가 얼마나 젊고 어린지 알게
되었어요. 그 젊은 나이에 엄마는 가장이 되었지요. 시부모, 시누이에
어린 사 남매까지 책임져야 했어요. 젖먹이인 막둥이를 등에 업고
이 병원 저 병원 정신없이 다녔지만 엄마의 정성도 저버린 채
아버지는 떠나셨죠. 조실부모해서 외롭게 자란 엄마. 아버지를 만나
잠깐이나마 행복했는데, 행복했던 그 시간도 9년으로 끝났어요.
아버지 떠나신 후 엄마는 시부모 봉양하면서 열심히 우리 사 남매를
훌륭하게 키워 주셨어요.
2대 독자였던 오빠만 믿고 그 힘든 세월을 사셨는데, 어느 날 갑자기
사고로 외며느리를 하늘나라로 보내고 하늘이 또 무너졌지요.
어린 조카들까지 책임져야 했기에 자식들 다 키워 놓은 엄마는 다시
할머니 엄마가 되었고요.
자식 앞세운 부모는 세상 밖으로 나가는 게 부끄러운 것이라며 엄마는
현관문 밖을 나가지 않으셨지요. 혼자 손자들 키우시며 집 안에서
늘 책만 보시곤 하셨지요. 사경도 하시면서.
엄마는 이미자의 노래를 좋아하셨지요. '여자의 일생'을 낮게
흥얼거리곤 하셨어요. 엄마 떠나시고 보니 그 흔한 노래방을
한 번도 모시고 가질 못했네요. 대화 나눌 사람 없는 방에서 베란다
창문 밖을 마냥 바라보고 계셨던 모습이 떠올라요. 그땐 무얼 그리
보시나 싶었는데, 그때 엄마의 나이가 되고 보니 알겠어요.
보고 싶은 자식들을 기다리고 계셨던 거였어요. 조금 더 빨리 엄마

마음을 살폈으면 좋았을 텐데, 조금 더 많이 챙겨 드렸더라면 좋았을 텐데, 깨달음은 언제나 뒤늦게 후회라는 이름으로 찾아옵니다.

보고 싶은 울 엄마!
큰딸 시집가서 시어머니 모시고 절에 다니는 모습 보시며 좋아하셨던 울 엄마. 엄마의 정성으로 엄마의 기도로 불여식 큰딸은 부처님 법 받들며 부처님 도량에서 지낸답니다.

사랑하는 울 엄마!
엄마 계신 그곳에선 아프시지 말고 행복했으면 좋겠어요. 아들, 딸, 손주들 걱정하시지 말고 부디 극락왕생하세요. 큰딸도 열심히 살겠습니다. 사랑 나누면서 봉사도 하면서 살겠습니다.
유난히 엄마를 닮아가는 큰딸 영란이 오늘도 기도합니다.
고맙습니다. 엄마.
사랑합니다. 엄마.

✉ 연영란

하늘에 계신 어머니께

어머니, 금자입니다.

저는 어머니 잘 만나서 흰쌀밥 먹고 자랐지요. 그 어려운 시절에 미국
과자도 먹을 수 있었어요. 학교에 갈 때는 엄마가 분홍색 한복을 손수
만들어 주셨지요. 그 고운 옷을 입고서도 학교에 가지 않겠다고 떼를
쓰는 바람에 어머니께서 매를 때리고 무섭게 대하셨어요.

기억이란 참 이상하지요. 맞은 기억은 있는데, 왜 맞았는지는 생각이
잘 나지 않으니 말이에요. 제가 자식 낳아 키워 보니 어머니 마음을
헤아릴 수 있게 되었어요. 다 저 잘되라고 매를 드신 건데,
그땐 어머니의 마음을 헤아리지 못하고 미워하고 말을 안 들었어요.
어린 마음에 그런 것이니 용서해 주세요.

나이를 먹을수록 어머니 생각이 많이 납니다. 점점 더 그리워져요.
하늘에 계신 어머니, 사랑합니다.

 김금자

토닥토닥 사랑으로

어머님 은혜는 하늘에 떠 있는 해와 달 같습니다.
해처럼 따뜻한 사랑을 베풀어 주시고, 달처럼 은은한 지혜로 비춰
주시니까요. 이 은혜를 받아 자식들은 아름답고 향기로운 한 송이
꽃으로 피어납니다.

자식이 아플 때면 뜬눈으로 밤을 새우고, 잘못을 저지르면 토닥토닥
사랑으로 가르치셨지요. 자식들에게 베푼 자비의 마음씨를
어찌하면 갚을 수 있을까요.

부모님은 꽃보다 아름다운 자식을 보면 세상에 무엇 하나 부러울
것 없다고 하셨지요. 그때는 어려서 부족한 것만 탓하고 고마움을
몰랐습니다. 지금에 와서 제가 부모 노릇을 하니 알겠습니다.
부모님 은혜가 얼마나 넓고 깊은지를. 부모님은 이미 안 계시고
깨달음은 늦었으니 후회한들 아무 소용이 없습니다.
늦었지만 제사라도 잘 지내 드리고, 못다 한 효는 다음 세상을
기약하며 남은 세월 수행하면서 지혜롭게 살겠습니다.

✉ 이선녀

어머니.
저희 육 남매 잘 되기를 바라시는 마음에 머리에 백미를
이고, 30리 길을 걸어 부처님 전에 공양 올리러 가시던
어머니의 뒷모습이 지금도 눈에 선합니다.
한없이 보고 싶고 그립습니다.

어머니 뒷모습이 지금도 눈에 선합니다

서른아홉 젊디 젊은 나이에 혼자되어 철부지 육 남매를 키우셨지요.
남편 없이 홀로 자식을 키우면서 그 힘들고 모진 세월을 어찌
견디셨나요?
어린 시절 자다가 문득 깨면 잠자는 시간까지 줄여 가며 길쌈질을
하던 어머니의 그림자가 벽에 어룽어룽 비치던 모습이 떠올라요.
어머니는 새벽 다섯 시 반만 되면 어린 자식들을 깨우셨지요.

오빠들은 한문 선생님께 글을 배우러 다녔는데 조금이라도 공부를
소홀히 하면 모질게 종아리를 때리시곤 하셨어요. 딸들에게는 음식을
하는 법과 바느질 하는 법을 살뜰하게 가르쳐 주셨습니다.
덕분에 저희 육 남매, 언니 둘, 오빠 둘, 남동생 하나, 어린 순자인 제가
어디 내놔도 조금도 손색이 없게 잘 자랄 수 있었어요.

어머니.
저희 육 남매 잘 되기를 바라시는 마음에 머리에 백미를 이고,
30리 길을 걸어 부처님 전에 공양 올리러 가시던 어머니의 뒷모습이
지금도 눈에 선합니다.
한없이 보고 싶고 그립습니다.

✉ 막내딸 김순자

엄마!

엄마라고 부르기만 해도 왜 가슴이 뭉클해질까요.
엄마라는 말에는 신비한 힘이 숨어 있는 것 같아요. 힘들 땐 부르기만
해도 기운이 나고, 슬플 땐 떠올리기만 해도 위로가 됩니다.

제가 결혼을 해서 한 사람의 아내가 되고, 한 아이의 엄마가 되어 보니
비로소 엄마를 이해하게 돼요. 엄마도 이렇게 고단했구나.
엄마도 이렇게 힘들었구나. 생각만 해도 눈시울이 뜨거워집니다.

저도 엄마가 되었고, 이제 곧 머지않아 할머니가 되겠죠.
제가 그랬던 것처럼 제 아이도 '엄마'라는 말을 떠올리면
사랑과 위로를 느끼며 가슴이 뭉클해지겠지요.

엄마, 사랑합니다.
오늘도 내일도 언제까지나 그저 사랑합니다.

딸 강춘임

그리운 어머니께

저는 사 남매 중 큰딸로 태어나 국민학교 4학년 때 6.25를 겪었어요.
그 이듬해에 아버지께서 돌아가셨지요. 홀로 되신 어머니께선 맏딸인
저를 많이 의지하셨지요. 아버지 없이 살림을 꾸리기가 힘들어서
5학년이었던 저는 학교를 그만두게 하셨지요.
학교에 가는 대신 농사일을 거들고 일꾼들 밥 심부름을 했지요.
어머니께서 시장에 가시면 동생들을 돌보며 집을 봐야 했고요.
어린 저는 학교가 너무 가고 싶었어요. 담임선생님 도움으로
국민학교는 겨우 나올 수 있었지만 중학교는 진학할 수가 없었어요.
어머니를 많이 원망했는데 지금에 와서는 그게 후회되고
죄송스러워요.

제 나이 팔십이 넘어 그 세월을 돌아보니 어머니께 불효한 것이 새삼
가슴이 저리고 눈물이 쏟아집니다.
교육자 남편을 만나 칠 남매 맏며느리로서 시누이와 시동생
대학교까지 보내다 보니 어머니께 용돈 한 번 드리지 못한 게
제 가슴에 한이 됩니다.

늘 지극한 마음으로 발원합니다.
부디 그곳에서 평안하시고 어머니 딸 순자를 용서해 주세요.

 큰딸 이순자

어머니와 밀감 4개

제가 결혼 전 부산에서 회사에 다닐 때니까 오십 년도 훨씬 더
전이네요. 그때는 새벽녘에 물차가 오곤 했어요. 수도가 보급되기
전이라 집집마다 물차에서 물을 받아다 먹었지요.
"선옥아! 물 한 통 길어 와야 하는데, 내가 숨이 차서......."
어머니는 새벽에 저를 깨우곤 하셨지요. 어머니는 천식이 심해서
숨쉬기를 힘들어하셨어요. 가쁜 숨을 쉴 때마다 가슴에서 휘파람
소리가 나곤 했지요. 젊을 때는 왜 그렇게 새벽잠이 쏟아질까요.
어머니 소리가 귓전에 들리는데 잠에 취해 일어나지 못했던 날도
있었어요. 그런 날이면 어머니께서 가쁜 숨을 몰아쉬면서 물을 받아다
놓곤 하셨지요.
지금은 세상이 좋아져서 수도꼭지만 돌리면 맑은 물이 펑펑 쏟아져
나와요. 저는 가끔 옛날이 생각나면 눈시울이 붉어지곤 해요.
왜 얼른 일어나서 물 한 동이를 길어다 드리지 못했을까요. 이불 속
달콤했던 새벽잠은 짧디 짧고, 긴 시간 남은 후회는 쓰디 씁니다.

어느 날인가 우리집에 친구가 놀러 온 적이 있었어요. 어머니께서
밀가루 반죽을 해서 칼국수를 끓여 주셨어요. 저녁때가 되어 친구가
간다기에 배웅을 했어요. 시장 모퉁이를 지나는데 친구가 과일 4개를
사서 봉지에 담아 주면서 칼국수를 참 맛있게 먹었다며 어머님 드리라
하더군요. 주황빛 광택이 도는 작고 말랑말랑한 과일이었어요.
그때는 그게 무슨 과일인지도 몰랐어요. 봉지를 들고 가는데 무슨

맛인지 너무 궁금했어요. 호기심을 이기지 못하고 하나를 까서 입에 넣었지요. 달고 시원한 맛이 입안에서 알알이 터졌어요. 처음 먹어 본 맛이 얼마나 좋았는지 또 하나에 손이 가고 있더라고요. 나머지 두 개는 어머니 갖다 드려야지 했는데, 어느새 제 손에는 과일이 하나도 남아 있지 않았어요. 순식간에 네 개의 과일이 제 입속으로 사라졌지요.

아무것도 모르시고 딸을 반기는 어머니를 보자, 저는 불쑥 눈물이 났어요. 서너 살짜리 아이도 아니고 스무 살이 넘어 철도 들었는데 왜 과일을 다 먹어 버렸는지. 정말이지 너무나 부끄럽고 미안했어요. 그 과일이 밀감이라는 건 한참이 지나고 나서야 알았어요. 지금은 흔하디 흔한 과일이 되어 버렸지요. 어머니 돌아가신 지 40년이 넘었네요. 함께 좋은 곳에 갈 수 있는 자가용도 있고, 그때 못 드린 밀감도 많이 사 드릴 수 있는데, 제 곁에는 어머니가 계시지 않네요. 그 옛날 친정에 다녀갈 때마다 우리 모습이 보이지 않을 때까지 잘 가라며 손을 흔들어 주시던 어머니. 오늘따라 무척 보고 싶어요.

✉ 박선옥

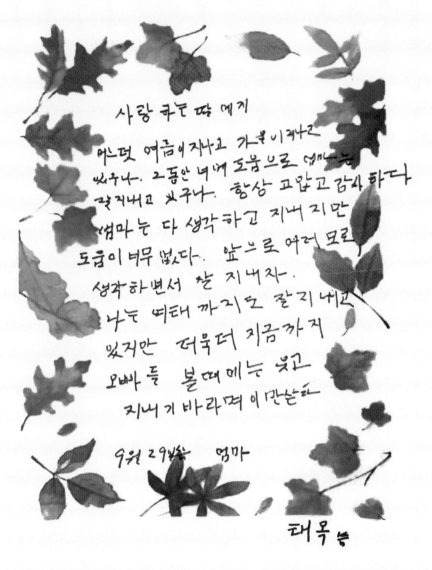

사랑 구는 딸에게

어느덧 여름이 지나고 가을이라고
났구나. 그동안 너의 도움으로 엄마는
편지내고 났구나. 항상 고맙고 감사 하다
엄마는 다 생각 하고 지버지만
도움이 너무 없다. 앞으로 여러 모로
생각 하면서 잘 지내자.
나는 띠때 까지도 잘 지버고
있지만 더욱더 지금까지
오빠들 볼때 미는 넛고
지버기 바라며 이 만는다

9월 29번날   엄마

태옥 는

– 조서은 어머니가 쓴 편지 원본

삼 년 만에 쓰는 답장

삼 년이 되어서야 엄마께 답장을 보냅니다.

생전에 엄마는 제게 편지를 보내곤 하셨지요. 마음속에 늘 엄마가
계시기에 답장 쓸 생각을 못 했는데, 엄마가 먼 곳으로 떠난 후에야
늦은 답장을 씁니다.

홀로 되신 지 사십여 년. 오직 저희 삼 남매만을 위해 사셨지요.
딸이 좋다시며 딸 옆에서 십 년을 사셨어요. 그동안 따뜻한 밥을
얼마큼이나 해 드렸나 생각하니 마음이 아픕니다.

집에 혼자 계시면 심심하고 밥맛도 없다며 주간보호시설에
다니셨는데, 더 쇠약해지셔서 혼자 주무시는 것도 불편하고 화장실
가면 뒤처리 하는 것도 힘드시다고 요양원으로 가셨지요. 저희 집으로
모시지 못하고 요양원으로 모셔서 죄송했어요.

요양원에 계시면서 보고 싶은 아들도 맘대로 못 보고, 집에 가고
싶어도 못 가니 얼마나 마음 아프고 쓸쓸하셨을까요.

이젠 엄마가 돌아가신 지 반 년이 지났네요.

제가 힘들 때면 제 손을 잡고 환하게 웃어 주셨지요. 어른들 잘 모시고
신랑한테 잘하고 아들, 딸 잘 챙기라고 말씀하셨지요. 시어머니께도
전화 자주 드리라고요. 엄마의 말씀대로 제 가족, 제 주변을 잘 챙기는
사람이 되려고 노력하고 있어요.

아무리 불러도 대답 없는 엄마, 사랑합니다.

영원한 엄마 딸 조서은

엄마가 그리울 때마다

저 멀리 편안한 곳에서 잘 계시는 거죠?

신축년 7월 13일. 엄마와의 이별도 11주기가 되었네요.

그날 다리가 아프신데도 불구하고 아침 일찍 공공근로에 나가셨지요.

돌아오는 길에 사고가 났다고 해서 응급실로 달려갔습니다. 엄마 손을 잡고 통곡하는데, 엄마가 마지막 힘을 내서 제 손을 꼭 잡아 주셨어요. 손을 통해 전해지던 엄마의 마지막 마음이 지금껏 살아오는 동안 큰 힘이 되었습니다.

엄마가 그리울 때마다 저는 고추를 삭히고, 고추장을 담고, 된장을 담습니다. 생전에 엄마가 했던 그 일들을 하다 보면 엄마와 함께했던 추억에 젖게 됩니다. 담는다고 담는데도 예전의 엄마 손맛은 따를 수가 없네요.

제가 현서, 규정이 낳고 산후조리 하러 친정에 가 있을 때 가물치를 뽀얗게 달여 주시고 사골 미역국을 끓여 주셨지요. 친정이라 편안하게 한 달 있었는데 힘드셨을 엄마 생각은 못했어요. 매년 철마다 보약 달여 주신 것도 감사합니다.

딸 회사 생활 힘들다고 천안에서 청주까지 직행버스 타고, 배낭에다 김치며 밑반찬들을 꽉 채워 메고 오셨지요. 딸 집에서 편히 쉬지도 못하고 바로 가셨는데 모셔다 드리지도 못해서 죄송해요.

돌이켜보니 엄마는 항상 저에게 힘을 주셨어요. 제가 씩씩하게
잘 살아갈 수 있었던 것도 엄마 덕분이었어요. 마지막 그 손길처럼요.

저희는 모두 건강히 잘 지내고 있어요. 이제 제가 엄마를 위해
할 수 있는 것은 열심히 기도 정진 수행하는 것뿐이에요.
이번 백중에는 꼭 오셔서 그동안 못다 갚은 제 마음 받아 주세요.

좋은 곳에서 편안하시길 빕니다.

✉️ 엄마를 사랑하고 존경하는 딸 고정랑

불러도 대답 없는 엄마!

엄마라고 불러 보니 눈물부터 납니다.

엄마가 허리를 다쳐서 병원 계실 때 엄마 곁에서 단 하룻밤도 지내지 못한 것이 한없이 죄송스럽습니다. 그때 종근이 아빠가 항암 치료 중이라 너무 힘들어 해서 곁을 잠시도 떠날 수가 없었어요.

엄마 마지막 가실 때 일주일 동안 엄청 힘들어 하셨는데, 손 한번 잡아 드리지 못하고, 맛있는 음식 제대로 드리지 못하고, 고통으로 신음하시는 긴 밤을 곁에서 지켜 드리지 못한 것이 지금까지도 한이 되어 가슴에 맺혔어요.

마지막 가시는 길 무남독녀 외동딸 얼굴도 보지 못하고 떠나셨으니 얼마나 외로우셨나요. 엄마라고 불러도 이젠 대답이 없기에 더 목이 멥니다.

엄마는 알고 가셨는지요?

부디 이 못난 자식의 마음을 헤아려 주세요.

무남독녀 외동딸 김유경

엄마라고 불러도
이젠 대답이 없기에 더 목이 멥니다.

하늘나라에 계신 어머니께

어머니 못 뵈온 지도 이십여 년이 넘었네요. 어머니 살아생전 너무 고생을 많이 하셨지요. 저는 쌀밥만 먹어도 어머니 생각에 눈물이 납니다. 어머니 살아 계실 때 효도하지 못한 것이 이렇게 마음 아플 수가 없습니다.

공교롭게도 시부모님과 아버지, 어머니 생신이 같은 달에 있어서 시부모님 생신을 해 드리고 나면 아버지, 어머니 생신에는 찾아뵙지도 못했습니다. 너무나 가난했던 탓에 말이에요. 어머니가 늘 여자는 시부모님께 잘해야 한다고 하셔서 그런 줄만 알았고, 그렇게 했던 것이 이렇게 가슴 깊이 한이 될 줄 몰랐습니다.

꼭 무언가를 해 드려야만 효도가 아니고, 그냥 찾아뵙고 축하 인사만 드려도 됐을 것을 그땐 왜 그걸 몰랐을까요. 깨달음이 뒤늦은 탓에 이젠 찾아뵙고 싶어도 찾아뵐 수가 없게 되었습니다.

어머니께서 고생해서 고추 농사 지은 것을 한 자루 보내 주셨는데, 남편 병간호하다 보니 벌레가 갉아먹고 껍데기만 하얗게 남아서 먹어 보지도 못하고 버렸던 것도 너무 죄송했어요.

어머니 살아 계실 때 하지 못한 효도를 돌아가신 후 제사로 대신하고 있습니다. 그동안 제사는 단 한 번도 잊지 않고 지내고 있어요.

어머니가 좋아하시던 고기와 꿀은 꼭 사서 올리고 있는데 잘
잡수셨는지요.

제삿날이면 어머니께 "죄송합니다. 용서하소서." 하고 마음을
전합니다. 어머니, 다음 제삿날까지 안녕히 계세요.

둘째딸 이복의

서방정토 극락에 계실 어머니 전에

어머니, 아무리 불러도 이제는 어머니 대답을 들을 수 없어요.
저는 어머니께서 서방정토 극락에 계실 거라 믿고 있어요.
그곳에서 아버님 만나 잘 지내실거라고요.

우리 여섯 남매, 가난 속에서 힘겹게 키우셨지만 건강한 몸과 건강한
마음의 유전자를 물려받아 잘 살고 있어요. 고맙습니다. 살아 계실
때는 감사하다는 말도 제대로 못 드렸네요.

아들은 착하고 부지런한 며느리와 결혼했어요. 딸 셋도 모두 결혼하여
가족 수가 크게 늘었어요. 며느리 하나에 사위 셋. 거기에 재롱둥이
손자에 외손녀까지. 요즘은 손주들 재롱에 시간 가는 줄 모른답니다.
어머니께서 함께 보셨더라면 좋았을 텐데요.

저는 요즘도 명장사에 열심히 다녀요. 거기서 주방일도 돕고,
육법 공양과 차 공양, 사시마지 공양도 올립니다.
밤 기도는 절에서 못하고 집에서 하고 있어요. 독경과 사경도 하고요.
이제 백중이 다가옵니다. 부모님 재를 시댁 조상님들과 함께
올렸어요. 절에 오시어요. 근사하게 모실 겁니다.

어머니께 못다한 효도를 시어머니께 드리고 있어요. 올해에 94세가
되셨어요. 식사도 잘하시고 건강하시답니다.

자나 깨나 우리 걱정하시던 어머니,
그곳에서는 걱정 마시고 건강히 계세요.

딸 이윤희

은하수 길을 찾아 달려오세요.
백중 회향일까지라도 저와 함께 여행을 떠납시다.

보고 싶은 엄마

지금이라도 영가 세계에서 이승으로 달려오세요.
은하수로 길을 열어 놓겠습니다.
칠월 칠석 때 오작교를 건너 견우와 직녀가 만나듯이,
백중날에는 이승으로 드나드는 저승의 문이 활짝 열린다고 합니다.

오로지 날만 새면 밭으로 일하러 나가시던 엄마,
가족끼리 한자리 있는 시간은 밥상머리뿐,
그 짧은 시간에 이것저것 걱정해 주시던 엄마.
맛있는 과자나 사탕이 생기면 저만 주시기에
"엄마도 같이 드세요." 하면
"이다음에 너도 엄마가 되면 알겠지만, 맛이 없단다." 하시더니,
제가 어른이 되고, 환갑이 지나고 진갑이 지나도 맛만 있더이다.
철이 없어 엄마의 마음을 헤아리지 못했어요. 그저 내 필요한 것만
요구했지요. 엄마한테는 그래도 되는 줄 알았습니다.

아버지는 저 세살 때 가셨다 하셨지요. 혼자서 온갖 풍파 다 이겨
내시고 모진 세월 사시느라 얼마나 힘들고 외로우셨어요. 엄마가
훌륭하게 살아오신 덕에 자식들은 쌀밥 먹고 잘 살고 있습니다.
오로지 자식 걱정과 일에만 몰두하며 지내시다 병만 얻고 가시는
길마저도 고통과 괴로움으로 힘드셨으니 자식들은 그저 애통합니다.

오늘 영가의 문이 열리는 백중 입재식을 올렸습니다.

은하수 길을 찾아 달려오세요. 백중 회향일까지라도 저와 함께
여행을 떠납시다. 산으로 바다로 공원으로 팔도 유람하면서 신나게
구경합시다. 예쁜 옷도 사 드리고, 헤아릴 수 없을 만큼 수많은 먹거리
모두 맛보시게 하고, 예전에 미처 못 해 드린 것 원 없이 다 해 느리고
싶습니다.

다이아몬드보다 더 빛나고 귀한 어머니.

그때는 왜 몰랐을까요. 이제라도 어머니를 위해 매일 기도 소리 들려
드리겠습니다.

법화경을 사경하여 올리겠습니다. 가시는 길 노잣돈 넉넉히 드릴
테니 좋은 길로 편히 가십시오. 내년에 또 만날 것을 약속하면서
즐거운 여행을 계획해 봅니다.

✉ 사랑하는 어머니께 막내딸 정영숙

순자는 늘 기도합니다

어머니가 저희 곁을 떠나신 지 어언 삼십 년이 흘렀습니다.
지금도 저는 어머니가 많이 보고 싶습니다. 아들 다섯에 딸 하나.
고명딸이라고 세상 귀여움을 다 주셨지요.
언제 어느 날, 어디서 다시 한번 뵐 수 있을까요?
십 년을 구인사에서 지내셨기에 구인사에 갈 때마다 어머니의 자취를
찾게 됩니다.
구인사 5층 법당에도 삼보당에도 어머니의 숨결이 배어 있는 것
같아요.

순자는 늘 기도합니다.
우리 육 남매는 어머니
덕분에 잘 살고 있으니
모든 걱정 내려놓으시고
왕생극락하옵소서.

✉ 고명딸 김순자

보이는 곳마다 엄마 얼굴이

엄마!

이름만 불러도 눈물이 핑 돕니다.

우리 곁을 떠나신 지 벌써 십 년이 되었지만 아직도 그리움에
사무칩니다. 어느 봄, 활짝 피었다 지는 벚꽃을 보면서 이듬해에는
엄마 모시고 꽃구경을 가야겠다고 마음먹었건만 기회는 다시 오지
않았고, 엄마는 훌쩍 떠나셨습니다.

언제 가도 이상하지 않을 만큼 죽음은 늘 우리 가까이 있지만,
살아가는 동안에는 죽음을 의식하지 않지요. 엄마도 늘 제 곁에
계셨기에 그렇게 갑작스럽게 떠나실 줄 몰랐어요. 엄마와 함께하고
싶은 일도 많았고 엄마께 드리고 싶은 것도 많았는데, 이젠 그 무엇도
할 수 없게 되었어요. 죄송함에 가슴이 쓰리고 아픕니다. 갑작스러운
이별에 하루하루 눈물로 지냈지요.

어느 날 문득 하늘을 보니 파란 하늘에 엄마 얼굴이 보였어요.
흐드러지게 핀 예쁜 들꽃 속에도 엄마가 보였고, 눈에 보이는 곳곳마다
엄마 얼굴이 있었어요. 머릿속에 온통 엄마 생각뿐이었지요.

그래도 살다 보니 어떻게든 살아지더군요. 마음을 다잡고 일상으로
돌아와 아무렇지 않은 듯 살았어요. 그렇게 잊은 듯이 지내다가 문득

엄마가 떠올라 미안해지기도 합니다.

우리 엄마 밀양 박씨 복자 규자.
엄마는 참으로 훌륭한 분이셨습니다.
이 세상에서 가장 위대한 분이셨습니다.
엄마가 우리 엄마여서 무척 행복했습니다.
생전에 보여 주신 헌신적인 사랑에 깊이 감사드립니다.
저는 우리 아이들에게도 그런 엄마가 될 수 있도록 무진 애를 쓰고
있습니다.

사랑하는 우리 엄마!
근심 걱정 모두 거두시고 그곳에서 평안하시길 두 손 모아 빕니다.

✉ 엄마를 그리는 딸 김상옥

남은 세월 오래오래 함께해요

요즘 세월이 참 빠르다는 생각을 많이 해요. 엄마와 제가 모녀의 관계로 만난 지도 어느덧 56년이 되었네요. 지난 세월 저를 낳아 씻기고, 먹이고, 입히며 지극정성으로 보살펴 주셨지요. 서로의 입장이 돼 봐야 안다는 말처럼 제가 자식을 낳아 키우고, 시집까지 보내고 나니 다섯 남매를 건사하고 사신 엄마가 정말 대단한 사람이었다는 걸 이제야 깨달았어요.

몸이 쇠약해져 예전처럼은 못하지만 제 곁에 계셔 주셔서 고맙습니다. 엄마를 뵈러 일주일에 한 번 고향 집을 방문할 수 있다는 게 얼마나 감사한지 몰라요. 어릴 적 엄마가 저를 위해 온 마음 다해서 보살펴 주신 것처럼 이젠 제가 엄마를 보살필 수 있어서 참 행복합니다.

수십 년 동안 아빠와 우리 남매 뒷바라지하며 사시느라 쇠약해진 엄마의 작은 몸을 만질 때마다 마음이 저리고 아파요. 지금이라도 씻겨 드리고, 따뜻한 밥 한 끼 지어 엄마와 함께 먹으며 소소한 하루를 보낼 수 있어 다행이에요.

넉넉지 않은 가정형편 때문에 동생들보다 공부 덜 시켜준 거 너무 미안해 하지 마세요. 살아 보니 가방끈의 길이가 인생의 전부가 아니더라고요. 인생은 본인 마음 먹기에 달려 있어요. 엄마가 몸소 가르쳐 주셨기에 전 많이 배우지 못한 것에 대해 아쉬움과 후회는 없어요.

제 나이 쉰여섯, 가정 꾸리고 살면서 딸 시집도 보내고, 아들도 번듯한
사업 시작하고, 건강한 남편과 함께 시어머니 봉양하며 살아 보니
제 인생 또한 눈부시게 찬란했다는 걸 알게 됐어요. 서로 바라보며
의지하고 웃을 수 있는 지금 이 순간을 만끽해요.

엄마와 함께 시간을 보내고 헤어질 때면 저 역시 늘 아쉬운
마음뿐이에요. 앞으로 엄마 뵈러 더 자주 갈 테니 지금처럼 웃는
모습으로 반겨 주세요.
엄마의 남은 세월 저랑 오래오래 함께해요. 늘 사랑합니다.

큰딸 김미숙

비가 오는 날이면

어머니!
오늘은 유난히도 어머니가 보고 싶습니다.
어린 시절 이슬비가 살며시 내리면 당신과 함께 다정하게 앉아
봉숭아, 분꽃, 채송화, 맨드라미, 백일홍을 심었지요. 당신께서는
유난히도 꽃들을 사랑하셨지요.
촉촉하게 비가 오는 날이면 처마 밑에 앉아 예쁜 꽃들을 바라보며
어머니와 함께했던 어린 시절이 떠올라 당신이 더욱 그립습니다.
어머니가 계신 곳에도 예쁜 꽃들이 만발하게 피어 있겠죠?

어머니, 사랑합니다.
살아생전 단 한 번도 어머니께 사랑한다는 말을 해 본 적이 없는
철없는 딸이지만 이제라도 어머니께 사랑을 전하고 싶습니다. 제 나이
예순이 넘고 보니 어머니 생각이 더 자주 나고 그리워집니다. 나이를
먹을수록 어린아이처럼 어머니가 그립습니다.

훗날 어머니를 만나러 갈 때 어머니가 만들어 놓은 꽃길을 따라 가고
싶습니다. 그날을 기다리며 열심히 살다 가겠습니다. 어느 때가 될지
알 수는 없지만 기다려 주세요.
그날까지 부디 안녕히 계십시오.

 하곡 소애자

어머니와 함께했던 어린 시절이 더욱 그립습니다.
어머니가 계신 천국에도 예쁜 꽃들이 만발하게
피어있겠죠?

그리운 나의 어머니께

엄마가 돌아가신 지 벌써 6년.
어릴 적 우리 다섯 남매를 정성과 열정으로 키우시던 엄마를
기억합니다.
아침마다 챙겨 주시던 바다 향 품은 날김과 식후에 먹던 '원기소'의
맛을 잊을 수 없어요.
추운 겨울엔 손수 떠 주신 털장갑, 빨간 털신을 신으면 눈보라에도
추운 줄 몰랐죠. 친구들이 책을 보자기에 싸서 짊어지고 다닐 때,
엄마는 도화지 같은 헝겊에 십자수를 놓아서 세상에 하나밖에 없는
책가방을 만들어 주셨어요. 엄마의 정성과 사랑에 감사드려요.

이 세상에서 가장 바쁘게 일만 하신 우리 엄마!
맏딸인 제가 중학교에 진학하면서 새롭게 담배 경작을 시작하셨고,
이듬해던가 인삼 농사까지 시작하셨지요. 청주에서 자취 생활하며
지내는 자식 걱정에 낮에는 종일 농사일을 하시고, 저녁때 자식들
먹일 반찬이랑 떡을 해서 청주에 오셨지요. 이튿날 새벽이면 일찍
집으로 향하시던 엄마의 뒷모습. 그때 엄마의 그 가냘픈 모습을 잊을
수가 없어요.

저는 엄마가 얼마나 마음이 따뜻하고 정이 많은 분인지 알아요.
농사일로 바쁘고 힘들지만 이웃에 사시는 어른들을 살뜰히 챙기셨고,
마을 일도 적극적으로 참여하셨잖아요. 전 늘 엄마가 자랑스러웠어요.

집안 사정을 생각하면서 대학 진학을 꿈도 꾸지 않던 저에게 교육
대학 진학을 추천하셨지요. 교육 대학을 졸업한 후 40년 동안
초등학교 교사로 근무하며 엄마에게서 배운 열정과 사랑을 고스란히
실천할 수 있어서 행복했어요.

엄마, 언젠가 이런 말씀을 하셨지요?
"단양 구인사에 젊어서 다니지 못한 것이 후회된다." 하시며 저를
데리고 구인사 정초 참배도 다녀오시고, 4박 5일 기도를 함께
다니셨어요. 그렇게 부처님의 자비를 알게 해 주시고, 부처님 품
안에서 당당하게 살아갈 수 있도록 안내하셨어요.
정말 감사합니다.

엄마한테 받은 사랑을 백분의 일이라도 갚을 수 있으면 좋으련만
그 길을 알 수가 없습니다.

사랑하는 나의 어머니, 당신이 그립습니다.

✉ 엄마가 그리운 큰딸 이경순

우리에게 남은 시간

내가 이십 대였을 때, 문득 지나온 시간을 되새겨 보았지요.
누구에게도 쉽게 곁을 내주지 않고, 다른 이에게 의지하지 않는
이유가 무얼까 하고요.

나는 1남 4녀 중 막내로 자랐지요. 엄마는 시골 농사에 바쁘고 지쳐
내 말에 귀를 기울일 여유조차 없었어요. 내가 투덜거리고 징징거릴
때면 엄마는 "너 같은 놈 하나 낳아서 키워 봐라." 하셨지요.
나는 단지 엄마에게 따뜻한 말과 다정한 눈빛을 기대했을 뿐이었는데,
엄마의 그런 말들이 야멸차게 느껴졌어요. 어쩌다 마음에 여유가
생겨도 그런 따뜻함은 오빠의 몫일 뿐 나에게는 돌아오지 않았죠.

결혼을 하고 삼십 대가 되니 1남 2녀의 엄마가 되어 있더군요. 힘든
출산과 육아를 하면서도 엄마가 보고 싶거나 그립지는 않았어요.
하지만 어려운 살림에 우리 다섯 남매를 어떻게 키우셨을까 하는
생각에 어렴풋이 엄마의 옛 모습이 떠오를 때는 가슴이 먹먹해지기도
했어요. 그러다 보니 맘 한 켠은 늘 외로웠지만 누구에게 기댈
생각조차 하지 않았어요. 실망하고 싶지 않아서 기대조차 하지 않았던
거겠죠.

이제 내 나이 마흔아홉. 지금 엄마는 주름지고 야위었지요. 요즈음은
병환 때문에 많이 힘들어 보이세요. 그동안 내 안에 쌓여 있던

서운함과 원망은 어느덧 사라졌어요. 세월이 지나 저도 제 가정
꾸리고 살다 보니 돌덩이처럼 가슴에 얹혀 있던 감정들도 사르르 녹아
흔적이 없더군요.

엄마!
우리에게 남은 시간이 얼마나 있을까요.
이 세상에 낳아 주신 은혜를 갚을 만큼 긴 시간을 같이 보낼 수
있을까요? 엄마의 남은 삶이 편안할 수 있도록 조금이나마
노력해 볼게요. 늘 곁에서 응원하고 힘이 되어 드릴게요.

사랑합니다. 엄마.

막내 김경희

엄마의 뜨개옷

함박눈이 펑펑 쏟아지는 겨울.
아랫목에서 엄마는 실을 손가락에 걸고 대바늘을 움직여 한 코 두 코
손뜨개질을 자주 하셨죠. 반나절이면 팔 한쪽이 완성, 사나흘이면
맘에 쏙 드는 스웨터 한 장, 바지 한 장이 뚝딱뚝딱. 참 잘도 만들어
주셨어요.
성격이 까다로워 마음에 들지 않는 옷을 잘 입지 않았던 나도 엄마가
만들어 준 뜨개옷은 즐겨 입었어요. 엄마가 만든 스웨터며, 실로 짠
개바지가 마음에 들었지요. 아마도 포실포실한 뜨개옷, 털실의 결마다
엄마의 정성이 배어 있다는 걸 느낄 수 있었기 때문일 거예요.
아궁이에 군불 때며 살던 시절, 아랫목에 둘러앉아 목도리가 언제
완성될지 설레어 목에 둘러도 보고, 스웨터를 얼마나 더 떠야 하는지
몸에 대어 보며 오순도순 언니들과 이야기 나누던 그때 그 시절이
참 그립습니다.

엄마, 사랑해요.

✉ 막내 김현숙

사랑하는 우리 엄마 김춘환 여사님께

우리 사 남매 낳아 주고 잘 길러 주서서 감사합니다.
넉넉하지 않은 시골 살림에 완고한 성격의 아버지를 도와 농사일
하랴, 집안일 하랴 잠시도 쉴 틈이 없으셨지요.
50대 초반에 홀로 되시고, 105세까지 장수하신 할머니 봉양하며
꼭두새벽부터 밤까지 허리 한 번 펴보지 못하는 고단하고 힘겨운 삶을
사셨어요.
철없던 어릴 적에는 아버지와 할머니한테 꼼짝 못 하고 죽어라 일만
하며 헌신하는 엄마의 모습을 보면서 나는 이다음에 엄마처럼은 살지
말아야지 하고 다짐한 적도 있었답니다.

그러나 이젠 알아요. 가족에 대한 엄마의 무궁한 인내와 헌신이
우리 집안을 이렇게 건실하게 지탱하고 있었다는 걸요.
엄마의 사랑이 있었기에 가족 모두 잘 살고 있다는 것을요.

수년간 아버지가 암투병하실 때도 자식들에게 짐 지우지 않으려고
병원에서 지내시면서 틈틈이 농사일을 하셨지요. 아버지 돌아가신
후엔 새끼 잃은 짐승처럼 예민해진 할머니의 온갖 성냄과 짜증을
다 받아내셨고요. 오죽하면 동네 사람들이 이러다가 너희 엄마
잡겠다며 할머니를 시설에 모시라고 하셨겠어요.

사랑하는 울 엄마!

어릴 적 호미 들고 밭매러 갈 적에 '동구 밖 과수원길 아카시아꽃이 활짝 폈네.' 다 같이 합창할 때 노래 부르는 목소리도 곱디고왔던 우리 엄마가 이제는 소녀같이 미스터트롯 진 임영웅의 찐팬이 되셨지요. 83세의 연세에도 가족들 먹일 채소랑 곡식을 손수 농사지으시는 멋진 우리 엄마. 제 마음속 진선미의 진은 바로 우리 엄마 김춘환 여사님이십니다.

지금처럼만 건강하시고 오래오래 저희 곁에 계셔 주세요.

이 세상에서 엄마를 최고로 존경하고 사랑합니다.

큰딸 오정숙

이름만 불러도 그리움이 밀물처럼

어릴 적 학교에서 십 리 길을 달려와 엄마! 하고 부르면 이곳저곳 기운
누런 옷깃을 여미며 흙먼지 묻은 손을 높이 흔들어 주셨지요. 햇볕에
검게 그을린 그 모습을 누가 볼까 봐 철없고 못된 마음에 부끄러울
때도 있었어요. 지금 생각해 보니 자식들 보살피느라 당신 매무새는
신경쓰지 못했던 그 모습이 세상 무엇보다 곱디고운 모습이었네요.
며칠을 매달리고 보채 얻어 낸 짜장면 한 그릇. 그 앞에서 당신은
배부르시다며 단무지로만 배를 채우셨지요. 단무지를 좋아하시는
줄만 알았어요.
자식 위해 일하시느라 굵고 거칠어진 손마디.
옥수수며 감자 삶아 우리 남매들 먹으라고 건네주시던 어머니.
밤새 몸살을 앓으시면서도 자식들에겐 내색 한번 안 하시던 어머니.
이제는 그 높으신 마음을 알겠습니다.

어머니, 그립습니다. 꿈에서라도 한번 다시 만날 수 있다면 얼마나
좋을까요. 무엇이든 해 드리고 싶고, 사랑한다는 말도 전하고 싶지만,
이제 제 곁에는 어머니가 계시지 않네요.

어머니, 부디 극락왕생하시어요. 다음 생에는 꼭 부처님 법 다시 만나
성불하시기를 기원합니다.

 김명례

딸이 되어 버린 울 엄마

어려서부터 지금까지 추억을 떠올려 보니 행복하고 따뜻한 기억만
떠오릅니다. 그 추억의 바탕에는 엄마의 헌신적인 사랑과 희생이
있었다는 것을 결혼하고 자식을 낳고 키우며 알게 되었습니다.
시부모님에 시할머니까지 모시면서 큰소리 한 번 내지 않으시고,
내가 투정을 부릴 때조차 온화하게 대해 주었던 울 엄마. 이제 좀
편해지시려나 싶었는데 치매 판정을 받으시다니 가슴이 무너져
내리는 것 같았습니다.

온갖 고생 다 하시면서도 내 근심과 불행을 덜어 주셨던 분인데,
모든 사람이 법 없이도 살 분이라고 칭찬하던 분인데, 왜! 왜
치매라는 몹쓸 병을 주셨을까. 울어도 보고 원망도 해 보고, 부처님께
하소연도 해 보았지만 되돌아오는 메아리는 엄마의 이상한 행동뿐.
그럴때마다 엄마에게 받은 사랑은 모두 잊고, 이상한 행동을 하는
엄마에게 저도 모르게 화를 내고 짜증을 내게 되더군요. 본심은 그게
아니었는데도요.

이제야 알았습니다. 그동안 부모님께 받은 끝없는 사랑 중 아주
조금이라도 갚을 기회를 주려고 저에게 울 엄마를 네 살배기 딸로
보내셨다는 것을. 비록 엄마에게 받은 이해와 사랑을 전부 돌려드릴
수는 없지만 아주 조금이나마 돌려드릴 수 있도록 노력하겠습니다.
엄마, 더는 아프지 마시고 오래오래 제 곁에 잘 계시길 기도합니다.
사랑합니다.

✉ 엄마의 엄마가 된 딸 김승지

불효자 광봉이 삼가 고합니다

부모 없는 고애자(孤哀子), 당신을 그립니다.
당신의 자애로운 목소리는 언제 또 들을 수 있습니까.
당신의 매서운 훈계의 회초리는 어디에서 또 맞을 수 있습니까.

노환으로 병마와 싸우면서도 출근하는 아들을 보면, 당신은 힘을 내서
문간까지 나와 배웅을 해 주셨습니다. 나중엔 그 힘도 모자라 누운
자리에서 배웅해 주셨습니다.

임종의 마감 길을 가실 때에는 호이~ 호이~ 숨을 몰아쉬시면서
"바쁜데 어서 가 보거라." 하고 잡은 손을 놓아주셨습니다.
병원 치료를 거부하며 고통을 참으면서도 밝은 미소를 멈추지
않으셨습니다. 공무 출장 핑계로 놓은 손이 영원한 이별이 될 줄
몰랐습니다.

별 보고 나가 별 보고 들어오며 일구어 놓은 당신의 논밭은 자식들의
값비싼 월사금으로 날아갔습니다. 엄동설한을 이겨 내고 지켜 낸 풀빵
장수로서 직업 정신은 저에게 강인한 인내심을 선사해 주었습니다.

아들 박사모 받아 쓰고 행복해 하시는 모습이 너무나 위대했습니다.
당신이 이웃에게 행한 자비와 용서에서 큰 보리심을 배웠습니다.

어머니!

혹여, 선영에는 계실까, 부르고 또 불러 보았습니다.

고요한 적막감 속에서 환한 광명이 화답했습니다.

당신의 말씀 한마디 한마디는 큰 법문이었습니다.

당신의 희생은 정말로 위대한 보살행이었습니다.

당신의 희생은 누대손 억조창생의 씨앗이 될 것입니다. 살아생전 효를 다하지 못한 죄책감만 가득합니다. 이제라도 다시 서서 자성의 마음으로 보살의 삶을 살겠습니다.

부디, 업장소멸 하옵소서! 왕생극락 하옵소서!

박광봉

사랑합니다. 어머니

편지에 무슨 말을 쓸까 고민하고, 몇 번이고 고쳐 쓰다 보니 그동안
제가 얼마나 무심한 딸이었는지 깨닫게 되었습니다.
어머니 돌아가신 지 벌써 6년이 지났습니다. 우리 다섯 남매
키우시느라 고생 많이 하셨지요. 돌아보니 엄마께 잘했던 일들보다
모질게 했던 일들만 떠올라 가슴이 아픕니다.

표현하지 못했던 말들을 썼다가 지우고,
결국 마음은 아쉬움과 후회로 얼룩집니다.

무엇이라도 해 드리고 싶은데, 이젠 그럴 수 없게 되었습니다.
부모님의 기대에 어긋나지 않게 열심히 살게요. 부끄럽지 않은 자식이
되겠습니다.

한없는 사랑을 베풀어 주셔서 감사합니다.
사랑합니다. 어머니.

김영희

엄마, 막내딸 실순이에요

더운 날씨에 건강하게 잘 지내고 계신지요?
노치원은 재미있게 다니고 계시나요?
저희 가족은 모두 건강하게 잘 지내고 있어요.
규홍 씨하고 연정이는 직장에 잘 다니고,
소형이는 곧 좋은 일이 있을 것 같아요.
결과가 나오면 전화 드릴게요.
연정이가 할머니 많이 보고 싶다고 해요.
맛있는 것도 사 드리고 싶다는데 가까이 살면서도 자주 찾아뵙지 못해
늘 마음이 아프고 죄송해요.

어젯밤에는 어쩐지 엄마가 너무 보고 싶어서 눈물이 났어요. 가끔씩
전화로 쩌렁쩌렁한 엄마 목소리를 들으면 의지가 많이 돼요.

엄마,
요즘 날씨마저 찜통 같아서 하루하루가 힘들지요.
올해가 가기 전에 두 딸 데리고 찾아뵐게요.
언제나 건강하시고 행복하세요.

황길순

엄마에게

엄마! 지금껏 제 곁을 지켜 주셔서 참 감사합니다.
조금만 더 가까이 계시면 자주 찾아뵐 수 있을 텐데 그러지 못해
아쉬움이 많아요. 연로하시고 건강도 예전만 못 하시지만 부모님
두 분이 함께 잘 계셔서 얼마나 감사한지요.
도시에 살면서 문화적 혜택을 톡톡히 누리고 계시니 그중 다행입니다.
일주일의 스케줄이 빼곡히 짜여 있어 딸네 집에도 올 시간 없다고
하셨지요. 복지관에서 운영하는 수영, 스포츠댄스, 탁구, 고전무용,
택견도 배우시고 의용소방관 봉사, 말벗 도우미 봉사, 어린이집 청소
봉사도 하시며 정말 알차게 시간을 보내고 계시지요. 가까이 살면
발표회 때 가서 사진도 찍고 함께 즐거운 시간도 보낼 수 있을 텐데
그러지 못해서 아쉬워요.

제 환갑 때 부모님 모시고 일본 여행할 수 있어서 정말 좋았어요.
두 분이 다정히 손잡고 걸어가시는 모습을 보며 아름다운 황혼이란
실로 저런 것이 아닐까 생각했습니다.
요즘 날씨도 더운데 어찌 지내시나요. 하루 세 끼 식사 챙기는 일도
보통 일이 아닌데 엄마는 참 대단하세요. 아버지가 설거지해 주는
것만으로도 힘들었던 지난 일들을 모두 잊어 버리고, 아버지께
고마움을 느낀다고 하셨지요. 자칫 귀찮을 수 있는 식사 준비를
정성껏 하시며 아버지에게 쌓였던 불만도 측은지심으로 승화해
나가는 걸 보면 존경심이 절로 우러납니다.

저도 나이 들면 엄마를 본받아 맑은 정신과 식지 않는 열정으로
아름다운 노년의 삶을 살아갈게요. 더도 말고 덜도 말고 딱 엄마,
아버지처럼만 말이에요.
지족상락(知足常樂)이란 좌우명으로 하루하루 행복하게 지내시고,
"이만하면 대만족이다!" 하시는 부모님이 계셔서 저는 늘 감사합니다.
부디 이생의 인연을 마감하는 그날까지 지금처럼만 건강하시고
행복하소서.

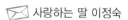 사랑하는 딸 이정숙

육십이 되어도 철이 안 드네요

군 시절에 써 본 게 마지막 편지였던 것 같네요.
이렇게 살다 돌아가시면 나중에 후회할 게 뻔한데, 이 불효자식은
나이 육십이 되어도 아직도 철이 안 드니 어쩜 좋을까요.

있는 것보다 없는 게 더 많은 집에 홀시아버지와 어린 시동생들,
많은 식구들 끼니도 어려웠던 그런 집안에 이팔청춘 열여덟에 시집와
고생도 많이 하셨지요. 시대가 그랬다고는 해도 젊은 새댁이 헤쳐
나가기엔 얼마나 아프고 힘드셨나요.
머리 큰 시동생은 땅이며 소며 닥치는 대로 팔아 쓰기 바빴고,
어린 시동생은 조카를 못살게 구니 늘 마음 졸이셨을 테고요.
다 깨진 부뚜막, 채 마르지도 않은 나무에 불을 지펴 밥을 할 때면
숨쉬기 어려울 정도로 피어오르는 연기, 바람막이 하나 없어 칼
바람이 들어오는 부엌, 공동 우물에서 길어 와야 하는 물과의 전쟁,
대가족의 엄청난 빨래. 그것도 모르고 우리 사 형제는 밖에서 뒹굴다
더러워진 옷을 하루에도 몇 번씩은 벗어 놨으니, 그 어려움을 어떻게
다 이겨 내셨어요. 참으로 대단하셨어요.

요즘 같은 땡볕에 고추 수확하느라 고생이 많으시죠. 흘리신 땀방울이
한강물보다 많지 싶습니다. 고생 끝에 낙이 온다고 어머니께서
살펴 주신 덕분에 우리 사 형제 모두 번듯하게 잘 자랐습니다. 의사,
약사, 대기업 회사원, 육사 졸업한 군인. 동네에서 부러움의 대상이

되었지요.

존경하는 어머니!
늦었지만 효도를 받으셔야지요. 우리 사 형제 아직 부족하지만,
더 잘하려고 노력하고 있습니다. 미안해 하지 마시고 당당히
받으시고 요구하세요. 무언가 해 드릴 수 있다는 게 저희의 기쁨이고
위안입니다.

이제는 병원 모시고 다니는 일이 일상이 되어 버려 서글픕니다.
드실 수 있을 때 맛있는 것 많이 드리고, 또 걸으실 수 있을 때
두루 모시고 다녔어야 했는데, 그러지 못한 게 죄송하고
한이 될 듯합니다.

어머니. 그동안 수고 많으셨습니다. 존경합니다.
사랑합니다.

 강문원

고운 울 엄마

올여름은 참 많이도 뜨겁네요. 더위를 피해 원두막에 누웠어요.
살랑살랑 불어오는 바람에 기분이 좋아져 콧노래가 절로 나오고,
문득 '세모시 옥색 치마 금박물린 저 댕기가 ~ ' 엄마가 좋아하시던
그 노래가 갑자기 생각이 나네요.

몇 년 전 여름 이맘때쯤이었어요. 무슨 얘기 끝에 엄마가 그랬죠.
나 시집보내고 가슴 한구석이 텅 빈 것 같다고. 그 말끝에 목소리가
떨리는 걸 알았으면서도 나는 애써 모른 척 '뭘 그렇게까지'라며
아무렇지도 않게 말했지만, 그 맘이 내 맘속으로 스며들어 눈물을
속으로 삼켰네요.

또 언젠가 마당 언저리에 피어난 봉숭아꽃 따다가 마루 끝에 앉아
울 자매들 손톱에 꽃물 들여 주던 엄마의 그 예쁜 손은 어디 갔을까.
생각하니 가슴이 저려 오네요.

나도 여느 집 딸들처럼 살가운 딸이었으면 좋았으련만, 그렇지 못한
딸이라 표현에 서툴고 감정을 드러내는 게 어색하기만 해요. 한 번도
하지 못한 말을 해 봅니다.
엄마, 고생 많았어요. 감사합니다. 그리고 사랑합니다.

 오윤경

제 손을 꼭 잡아 주시던 엄마손이 그립습니다

출근 준비를 하면서 탁상 달력에 적혀 있는 엄마의 기일을 보니
엄마 떠나신 후로 벌써 5년이란 세월이 흘렀습니다.
언제나 자식이 우선이었던 엄마, 엄마가 떠나고 나니 빈자리가 더욱
크게 느껴집니다.
관절염 때문에 걷지도 못하고 요양원 창문을 바라보며 하염없이
자식들을 기다리셨을 텐데, 자식들은 바쁘다는 핑계로 자주 찾아뵙지
못했습니다. 지금에서야 그 효도를 다시 해 드릴 수 없다는 걸 알게
되었습니다. 다리가 아파서 걷지는 못하셨지만 정신은 언제나
초롱하셨지요. 생일 아침이면 어김없이 미역국 먹었느냐고 전화를
하셔서 잊을 뻔했던 미역국을 챙겨 먹기도 했답니다.
당신의 손은 거칠고 투박했지요. 그 손으로 누구보다 깨끗하게 저희
옷을 빨아 주셨어요. 그 손으로 따뜻한 음식을 만들어 저희 배를 채워
주시고, 건강하게 키우셨습니다. 제가 아플 때마다 손을 꼭 잡아
주시던 당신의 손이 그립습니다.

사랑하는 엄마. 보고 싶은 엄마.
엄마의 자식으로서 부끄럽지 않게 살다 엄마 곁으로 갈게요.
그동안 여기서 못 다니던 세상 마음껏 활보하시면서 즐겁게
지내세요. 현주는 다시 만날 때까지 열심히 살다가 갈게요.

✉ 셋째딸 김현주

보고 싶은 어머니

어머니가 돌아가신 지도 벌써 십여 년이 되어 가네요. 세월이 무상하기만 합니다.

평소에 관절염으로 고생하셨지만, 그런대로 잘 지내셨는데, 치매 증상이 생기는 바람에 홀로 계실 수가 없게 되었지요. 가스 불 끄는 것도 잊으시고, 혼자 계시게 하면 무슨 일이 날 것 같아 누군가의 보살핌이 필요했습니다. 자식들 누구 하나 선뜻 모실 수 있는 상황이 안되어 요양병원으로 모셨어요. 어머니, 그때 많이 서운하고 자식들 원망하셨지요. 참으로 죄송했습니다.

2012년 4월 24일.

점심때 요양병원에 들러 호박죽을 갖다 드렸더니 참 맛있게 드시기에 안심하고 집에 왔는데, 저녁때 병원에서 연락이 왔습니다. 다급히 가봤지만 어머니께서는 이미 운명하신 후였지요. 그리도 빨리 가실 줄은 정말 몰랐습니다. 참으로 애석하고 비통했습니다.

어머니께서는 어려운 살림에 아끼고 절약하는 습이 배어 10원도 허투루 쓰는 법이 없었습니다. 제가 초등학교 1학년 때 '저 하늘에도 슬픔이'라는 영화의 관람료가 5원이었는데, 돈이 없다고 하시면서 영화관에 보내 주지 않으셨어요. 그때 저는 짜증 부리며 원망했지요. 철없는 시절에는 없는 살림에 애만 많이 낳았다고 함부로 얘기해서 어머니 가슴을 멍들게 했습니다. 어머니의 기대와 사랑을 가장 많이 받았는데 기대에 미치지 못해 죄송합니다.

제가 결혼해서 아들, 딸 낳아 가르치고, 결혼시켜 보니 이제야
어머니께서 자식들을 위해 얼마나 애를 쓰셨는지 그 노고를
조금이나마 알 것 같습니다. 어머니께서 절약하시며 험난한
세파를 헤쳐 나가는 모습을 보며 자랐기에 저도 그것을 원동력으로
삼아 더욱 열심히 살아갈 수 있었어요.

저희 다섯 남매는 잘 살고 있습니다. 살아계실 때 제대로 효도하지
못한 것이 못내 아쉬움이 남습니다. 어머니 이제 자식, 손주 걱정하지
마시고 편히 쉬셨으면 합니다. 어머니와의 인연은 참으로 지중하고
소중한 인연이었습니다. 다음 생에 어머니와 자식으로 만난다면
정말로 못다 한 효도를 해 드리고자 합니다. 어머니 사랑합니다.
고맙습니다.

 노성호

웃는 얼굴이 예쁜 울 엄마

올해로 엄마 연세가 90세가 되셨습니다. 그동안 정말 고생
많으셨어요. 가족들과 여행 한번 못해 보시고 세월이 훌쩍 지났어요.
자식들 부담될까 봐 환갑잔치도, 칠순도, 팔순도 그냥 지나가자
하셨지요. 그때마다 여기 가자, 저기 가자 말들은 많았지만 살기
바쁘다는 핑계로 그냥 보내 버렸네요.

엄마는 힘들고 고생스러워도 자식들에게 밥 한 번 더 먹이려고 힘들게
일하시고, 무슨 일이든 참고 견디셨지요. 자식들 생각에 참고 또
참으며 바람막이가 되어 주셨어요.
아버지 성격이 워낙 불같으셔서 아무도 감당하지 못하고 자식들조차
누구 하나 아버지를 이해하지 못하는데도 엄마는 꿋꿋하게 아버지
곁을 지키셨어요. 아버지 때문에 그렇게 고생했는데 이제는 아버지가
불쌍하다고 하시네요.
엄마가 불쌍하지 아버지가 왜 불쌍하냐고 제가 말하면, "나는 하나도
안 불쌍하다, 너희 아버지 치매 걸려서 깜박깜박하고 대소변도 못
가리는 모습이 더 불쌍하다." 하셨지요. 당신 몸도 힘드신데, 아버지
요양원 가기 싫어하신다고 힘닿는 데까지 당신이 보살피겠다고
하셨지요. 젊을 때 고생시켰던 남편이 나이 먹어서까지 힘들게 하면
저는 억울할 것 같은데 엄마는 안 그러신 것 같아요. 미운 정도 정인가
봅니다.

자식들에게 짐 될까 봐 아버지 먼저 보내고 내가 가야지 하며 매일
힘든 몸을 이끌고 30분씩 동네를 걸으며 운동하신다고 하셨죠?
그렇게 걸어야 관절을 움직일 수 있다고 하시면서요. 자신을 힘들게
했던 사람에게도 자비로 대하시는 엄마, 존경합니다.

엄마, 정말 감사드려요. 이렇게 잘 견뎌 주셔서.
엄마, 조금만 더 힘내주세요 하고 엄마 볼 때마다 손잡고 이야기하면
엄마는 살 만큼 살았다, 너희에게 짐 안 되게 잠자다가 조용히 갈 수
있도록 매일 기도하신다고 하셨죠. 길고 긴 세월, 엄마가 제 곁에
계셔서 늘 힘이 났습니다.

저는 엄마의 반만이라도 닮고 싶어요.
저도 제 딸에게 엄마 같은 엄마가 되고 싶습니다.
앞으로 우리 많이 웃으며 살아요. 엄마는 웃는 얼굴이 정말 예뻐요.
사랑해요, 엄마.

막내딸 김민경

미안해요, 엄마. 사실 나 엄마 원망도 많이 했어요.

이렇게 두고 떠날 거면서 왜 낳았느냐고.

그럴 때마다 아버진 말없이 우셨죠.

지금 생각하면 마음이 너무 아파요.

엄마! 나 막둥이!

잘 지내시죠? 보고 싶은 우리 엄마.
할 말이 많은데 무슨 말부터 해야 할지.
철없는 막내딸 두고 가실 적에 얼마나 마음이 아팠을까.
그때 나 5학년이었잖아요. 뭐 그리 바쁘다고 어린 나를 두고
그 먼 길을 가셨을까. 저도 이제 엄마가 되고 보니 엄마의 마음을 조금
알 것 같아요. 이럴 때 엄마 마음이 아팠겠네, 저럴 땐 엄마 마음은
어땠을까 하면서 좋은 일이 생길 때나 궂은일이 닥칠 때나 엄마
생각이 많이 나요.

엄마가 떠난 지 벌써 사십 년이 흘렀네. 그동안 마음속으로만
떠올리며 눈물짓곤 했는데 이렇게 편지로 쓰니 마음이 벅차네.
마치 시골에 계시는 엄마한테 안부 전하는 것 같고, 엄마랑 얘기하는
것 같아 좋아요. 앞으론 종종 써야겠어요.

엄마 가실 때 내가 너무 철이 없어서 엄마의 소중함을 몰랐어요.
그땐 아파서 누워 있는 엄마가 싫었고, 다른 엄마들처럼 해 주지
못하는 게 싫었고, 웃음꽃이 사라진 우리 집 분위기가 싫었어요.
제일 싫었던 건 마루에 앉아 기침하면서 학교 다녀온 나에게 화냈던
것. 엄마가 아프고 힘들어서 그런가 보다 했는데, 이제 알겠어요.
왜 그랬는지. 막둥이 두고 가실 생각에 정 떼려고 일부러 그러신 거죠.
미안해요, 엄마. 사실 나 엄마 원망도 많이 했어요. 이렇게 두고 떠날

거면서 왜 낳았느냐고. 그럴 때마다 아버진 말없이 우셨죠.
지금 생각하면 마음이 너무 아파요. 제가 철이 없어서 해서는 안 될
불효를 했어요. 부처님 전에 참회하면서 많이 반성했습니다.

이렇게 날 낳아 주시고, 키워 주시고, 보살펴 주셔서 감사해요. 늦둥이
딸 낳았다고 시어머니 눈총받으며 핏덩이 젖도 채 못 물리고 부엌으로
일하러 가실 때 그 마음이 오죽했을까. 몸 또한 천근만근이었을 텐데.
그걸 생각하면 너무 가슴이 아파요.

이제 막내딸 걱정하지 마시고 편안히 계세요. 종종 편지 드릴게요.
높고 크신 은혜 다 갚진 못하겠지만 이렇게라도 안부 전합니다.

엄마! 미안하고 감사합니다.

 이정옥

엄마 가신지 일 년 하고도 식 달이 지났네

아직도 엄마가 시골집에 살아계신 것만 같아. 나 어렸을 때 엄마가
그랬지. 일하고 돌아올 때면 얼굴도 생각나지 않는 엄마가 보고
싶다고. 요즘 내가 그래. 자꾸 생각나고, 보고 싶고, 만지고 싶고,
그래서 눈물만 나.
아파서 누워 있던 모습은 생각하기 싫어. 곱게 화장하고 앉아 언니랑
동생들이랑 도란도란 얘기 나누는 모습만 생각하려고.
엄마, 그곳은 어때? 이승보다 좋은가?
개똥밭에 굴러도 이승이 낫다는데, 고통 없고 아픔 없는 그곳이
어쩌면 더 나을지도 모르겠네.

오늘 밤에 웃으며 와 주었으면 좋겠어.
서글픈 사연 보따리 풀어내지 못하고,
가슴에 옹이로 박혀 한세상 살아오신 엄마.
굴곡진 사연 풀지 못하고 무지개다리 건너가신 엄마.

사랑합니다.
아프지 말고 기다려.
정연이 조금만 더 살다 갈게.

✉ 둘째 딸 박정연

이대로만 제 곁에

농촌에 맏며느리로 시집와 시부모님 봉양하고, 시동생과 시누이
열 명을 뒷바라지하셨지요. 그 많은 농사일까지 하며 힘들게 사신
우리 어머니. 1남 4녀 낳아 기르다가 나이 마흔에 이 막내아들을
낳으셨습니다. 허약한 체질로 태어나 병치레가 심한 아들을 등에 업고
병원을 뛰어다니셨지요.

어려운 가정 형편에 궂은일도 마다하지 않고 생활을 이어 가셨어요.
이모가 주신 강아지 한 마리로 시작하여 새끼 팔아 돼지 사고,
돼지 새끼 팔아 소 사고, 송아지 팔아 아들, 딸 가르치셨지요.
고마움에 눈물이 납니다.

새벽이면 수확한 농산물을 광주리에 담아 머리에 이고 장에 가셨지요.
돌아오시면 주머니에서 천 원짜리 지폐를 꺼내 정리하시며 행복한
미소를 짓던 그 모습이 지금도 눈에 선합니다. 본인 몸을 살피지 않고,
지아비 걱정에 자식 걱정하시느라 비가 오나 눈이 오나 힘든 일도
마다하지 않으셨던 철인 같은 어머니. 그렇게 일하시다 병을 얻어
고비도 몇 번 넘기면서도 손에서 호미와 낫을 놓지 않으셨어요.

한 해 한 해 늙어 가시는 모습을 볼 때면 마음이 찡합니다.
그 검던 머리카락이 하얗게 세고, 얼굴에 주름살이 늘고, 한 해가
다르게 등이 굽어 가는 모습을 볼 때마다 맘속으로 빌어 봅니다.

"우리 어머니 아프지 말고 무병장수하게 해 주세요."라고.

어머니는 늙지 않으실 줄 알았는데 벌써 91세가 되셨네요.

막내아들도 벌써 51세가 되었습니다. 막내아들은 나이를 먹어도

어머니는 지금 그대로였으면 좋겠습니다. 항상 막내아들 곁에

있어 주세요. 더 늙지 마시고, 등도 굽지 마시고, 주름도 늘지 마시고

이대로만 제 곁에 계셔 주세요.

사랑합니다. 어머니.

✉ 아들 육동희

보고 싶은 엄마

고향 집 담장 너머 접시꽃이 빨갛게 웃고, 뒤뜰 텃밭에 상추와 아욱,
풋고추가 널브러지는 이맘때면 돌아가신 울 엄마가 더욱 그립답니다.
집 찾아오는 일곱 자식 이놈 저놈 오는 대로 텃밭에서 이것저것
뜯어서 밥상 차려 주시고, 가방 가득 들려 보내시던 엄마. 열무김치
한 통 담가 놓고 자식들 누가 오려나 기다리시던 엄마.
1996년 ... 한 달여 편찮으시다 아버지 곁으로 가셨지요.
엄마 돌아가신 후 나는 고향이, 친정집이 없어졌답니다.
상추쌈과 된장찌개, 열무김치 넣고 썩썩 비벼 먹던 밥, 엄마의 손맛과
가족의 웃음소리, 그 모든 것을 함께 나누던 그 시절이 그립습니다.
꿈속에서도 엄마 모습은 보이지 않고 "나, 구인사 간다." 하는
목소리만 들립니다. 이제 아버지와 나란히 함께 계시니 편안하신가요.

모진 세월 피땀으로 살아오신 엄마의 일생은 정말 훌륭했어요.
다시 태어나도 엄마의 딸로 인연 맺고 싶습니다.
사랑합니다. 엄마.

✉ 큰딸 김종희

고생만 하시다 가신 우리 엄마

우리 삼 남매 두고 가신 우리 엄마, 얼마나 서러우셨을까.
절구에 보리 찧어 밥 해 주신 우리 엄마.
거친 일에 손등이 갈라지고 손끝이 갈라졌는데 약도 없고,
쇠기름을 호롱불에 녹여서 아픈데 바르셨지요.

엄마가 보고 싶어 산소에 갔더니 개똥참외 한 포기가 어느결에
자라서 참외 하나가 달랑 열려 있었어요. 그 참외를 따서 집으로
돌아와 우리 엄마 젖 맛이라며 나누어 먹었지요.

이제는 걱정 내려놓으세요. 편히 쉬세요.
할 말은 바다의 모래알같이 많으나 이만 펜을 놓겠습니다.

✉ 엄마 딸 윤영순

어머니

이 세상에 모자의 연으로 만나 긴 세월 함께하면서 살아왔지요.
지금은 이승과 저승으로 나뉘어 어머니를 그리워하고 있습니다.
복락을 꿈꾸며 욕심내어 살아도 영원한 것은 없더군요. 삶과 죽음으로
이별의 아픔을 맞아야 하는 우리네 인생이 한편으론 허망하기까지
합니다.
부족한 우리는 끝없는 윤회의 수레바퀴 속에서 다음 생에 어떤 모습,
어떤 인연으로 만날지 기약할 수 없기에 겸허한 마음으로 이 생을
받아들입니다. 우리가 인간의 모습으로 태어난 것은 인격의 성숙을
위해 공부할 기회를 부여 받은 것임을 깨닫고, 이에 감사하며 오늘도
열심히 정진하고 있습니다.

어머니,
한번 왔다가는 인생, 희노애락의 뒤엉킴 속에서 오랜 세월 견뎌 왔던
어머니의 일생을 마음 깊이 아로새깁니다. 생전에 못다 이룬 것에
아쉬움이 있겠지만, 이번 생의 연은 놓으시고, 부디 다음 생에는
복락이 함께하길 이 아들은 빌어 봅니다.
저 또한 이 땅을 떠날 때까지 마음의 성장을 위해 정진하며 하루하루
보람 있게 살겠습니다. 허망하고 삿된 것을 멀리하고, 부처님
가르침에 따르며 견성성불하는 그날까지 노력하겠습니다.

 김인태

부족한 우리는 끝없는 윤회의 수레바퀴 속에서 다음 생에 어떤
모습, 어떤 인연으로 만날지 기약할 수 없기에 겸허한 마음으로
이 생을 받아들입니다.

사랑해요. 땅만큼 우주만큼!

제가 한국에 온 지도 벌써 1년 4개월이 되었어요. 한국에 왔던 날부터
지금까지 엄마를 보러 간 적이 없었어요. 제가 태어난 후로 엄마와
떨어지게 된 것은 이번이 처음이었지요.
보고 싶어요, 엄마.
잘 지내고 계세요? 밥은 잘 드시나요? 약은 꼭 챙겨 드세요.
건강하셔야 해요.

저는 아침 일찍 일어나서 남편과 채은이에게 밥을 차려 주었어요.
남편은 출근했고, 채은이는 잠이 들었습니다.
지금 한국은 9시니까 베트남은 7시겠네요. 두 시간이라는 시차가
엄마와 제가 얼마나 멀리 떨어져 있는지 알려 주는 것 같아 마음이
아파요.

엄마께 편지를 쓰는데, 벌써 눈물이 나네요. 제가 멀리 시집가는 것을
원치 않으셨다는 걸 알아요. 남편이 제게 잘 대해 주는지,
시댁 식구들이 저를 사랑해 줄지 많이 걱정하셨지요. 하지만 걱정하지
마세요. 남편은 저를 많이 아끼고 사랑해 줘요. 저는 지금의 이 삶에
만족하고 있습니다.

다만 아쉬운 것은 엄마와 너무 멀리 떨어져 있다는 거예요. 엄마가
보고 싶어도 갈 수가 없고, 엄마가 차려 준 밥을 먹고 싶어도 그럴 수

없네요. 생선야채찌개, 게다리회, 생선찜……. 생각만 해도 침이 꿀꺽
넘어가는, 엄마가 해 준 음식이 그리워요.
남편 위하느라, 아이들 키우느라, 엄마는 평생 고생을 많이 하셨지요.
이제 쉬어야 하는데, 외손녀 돌보느라 쉬지를 못하신다고 하니
제 마음이 아파요. 내 평생에 엄마의 은혜를 다 갚을 수 있을까요?
아마도 그럴 수 없을 것 같아요.

내 나이 이제 서른이 넘었는데 엄마 앞에서는 아직 아이네요. 엄마가
보고 싶다고 말하고 싶은데 엄마가 울까 봐 말을 못했어요. 저 때문에
엄마가 눈물 흘리는 건 싫으니까요.
엄마 건강 꼭 챙기세요. 전화할 때마다 엄마 목소리가 건강하고
밝아야 제 마음이 놓여요.

저를 이 세상에 태어나게 해 주셔서 감사합니다.
사랑해요. 땅만큼 우주만큼!

막내딸 판티디에우꾸엔

고래잿물

엄마는 옷섶을 잡아 뜯고 가슴팍을 치며
방을 빙빙 돈다.
아가 너는 나가 있어.
나를 방 밖으로 밀어내는 엄마의 단호한 목소리

외할머니는
내 손목을 잡아끌고 부엌으로 간다.
부뚜막에 앉히고는
할머니 하는 거 잘 보란다.

할머니는 성난 눈빛으로 솥에 물을 붓고
솔가지에 불을 붙인다.
물이 끓을 즈음
달구어진 고래흙을 끄집어 낸다.

찬물을 사발에 담아 부뚜막에 놓은 후
고래흙을 부삽으로 깨서
물사발에 담는다.
치익 스르륵 치익 스르륵
엄마 가슴 속 같은 시꺼먼 잿물이 우러난다.

땀에 젖은 헝클어진 머리칼.
뜯겨 나간 옷섶,
흐려진 엄마의 눈동자
열두 살 내 눈에는 무섭기만 했다.

엄마는 고래갯물을 단숨에 마시고,
동그랗게 몸을 접어 이불속으로 숨어든다.

고래갯물은,
엄마의 숨통을 틔워주는 약,
그때
엄마 한번 안아 주지 못한 철부지 나,
미안하고 또 미안하다.

 김선회

천 번 만 번 사랑합니다

소나기가 갑작스럽게 와서 잠시 앉아 비 내리는 모습을 보고 있어요.
평소에는 일하고 살림하느라 바쁘고 마음에 여유가 없어서 눈앞의
일만 생각하고 살아요. 모처럼 비를 보며 쉬고 있으려니 어린 시절의
추억들이 빗물처럼 밀려옵니다.

사랑하는 엄마, 아빠의 품을 떠난 지도 8년이 되었어요.
시간이 정말 빠르지요?

한국에 처음 왔을 때 맨날 울었어요. 해넘이 때마다 부모님이 보고
싶어서 울고 또 울었어요. 비가 올 때면 그리움이 더 깊어졌어요.
그곳에서는 가난 때문에 힘들고 고되었지만 사랑하는 부모님과
함께였기에 마음은 평화로웠어요.

이곳에서의 삶은 풍요롭지만 저는 여전히 길을 잃은 것 같았어요.
일상에선 웃고 말하고 열심히 일하고 있지만, 마음속 깊은 곳에선
엄마와 함께했던 시절이 그리웠어요. 당장이라도 달려가 엄마와 함께
지내고 싶지만 그것이 불가능하다는 것을 저는 알고 있어요. 이곳에는
제 가족이 있으니까요. 저는 이제 한 남자의 아내, 두 아이의 엄마가
되었어요. 엄마가 저를 보살폈던 것처럼 저는 제 가족을 보살펴야
하지요.

결혼하고 아이를 낳아 키우고 보니 엄마가 얼마나 힘드셨을지
이해하게 됐어요. 한 아이를 키우기 위해 얼마나 큰 희생이
필요한 지 알게 되었지요. 하지만 아이들은 저에게 더없는 행복을
주기도 합니다. 힘들지만 행복해요. 저를 키우는 동안 엄마도
그러셨나요?

엄마, 저는 행복하게 잘 살고 있으니 제 걱정은 마세요. 어떤 어려움이
있더라도 이겨 내고 제 아이들을 훌륭한 사람으로 키울 수 있도록
최선을 다할 거예요. 엄마, 아빠가 우리를 그렇게 키웠던 것처럼요.

✉ 엄마를 그리워하는 딸 팜티루이엔

이 세상 하나밖에 없는 나의 엄마에게

울 엄마!

엄마라는 말은 생각만 해도 마음이 울컥해져요. 엄마에게 너무 늦게
마음의 편지를 써 보네. 팔십 평생 사시는 동안 많이 사랑하지 못하고,
사랑한다는 말도 많이 못 해 드려 가슴이 쓰려요.

언제나 우리 칠 공주 딸들이랑 하나밖에 없는 아들 사랑으로
보살피느라 하루 한시도 숨 한 번 제대로 못 쉬고 살았지요.

조금만 더 엄마에게 관심을 기울였더라면, 조금만 더 빨리 엄마를
엄마가 아닌 한 사람으로 볼 수 있었다면 얼마나 좋았을까.

지난 7월 1일. 아빠가 우리 곁을 떠나시며 홀로 남은 엄마가
걱정이라고 하셨어요. 그 후에야 비로소 엄마의 인생을 들여다 보게
되었어요.

그동안 우리 엄마 많이도 참고 온갖 어려움 감내하며 살아오셨네.
부처님 앞에 엎드려서 많이 울기도 하셨지요. 성취의 공덕으로
자식들이 잘되었을 때에는 주변 분들에게 아낌없이 나누어 주기도
하고, 부처님 일이라면 복짓기를 기꺼이 하던 우리 엄마.
엄마 옆을 늘 지켜 주던 든든한 울타리, 아빠를 보냈을 때는 충격이
크셨을 거야. 슬퍼도 보고 싶어서 금방이라도 죽을 것 같아도,
우리 그냥 울자, 울면서 견디자.

엄마 있잖아. 나는 엄마라는 존재가 내 옆에 있다는 것만으로도
언제나 힘이 났어요. 엄마, 언제까지나 나를 기억해줘요.
엄마가 조금씩 기억을 지우고 있어서 나마저 잊어버릴까 봐
걱정이 많아요.

엄마의 삶은 오직 자식과 가족뿐이었는데, 내가 그걸 너무 늦게 깨달았어요.

엄마!
이제라도 엄마 자신을 더 사랑하세요.
황망하게 아빠를 보내 드리고 온 그날 엄마랑 하룻밤 꼬박 같이 지새웠지요. 엄마를 안고 함께 울었지요.
살아가면서 우리를 가장 힘들게 하는 고통은 애별리고(愛別離苦), 사랑하는 사람과 헤어져야 하는 고통인 것 같아요.
나는 엄마에게 엄마는 나에게 우리 서로 기대며 이 슬픔을 이겨 내기로 해요. 아빠가 마음 편히 떠날 수 있도록.

엄마가 내 엄마여서 정말 좋았어요.
사랑해요. 그리고 정말 감사해요.

 박경숙

내 인생에서 제일 중요한 분에게

엄마에게 편지를 쓰는 건 이번이 처음이에요.

이 편지를 읽으신다면 아마도 깜짝 놀라시겠지요.

엄마도 제가 보고 싶은가요?

저는 엄마와 우리 가족이 많이 보고 싶어요.

슬픈 일이 있을 때나 행복할 때면 저는 늘 엄마를 찾았지요.

엄마는 항상 제 이야기에 귀 기울이고, 저를 온전히 이해해 주었지요.

경제적인 형편이 좋지 않았지만,

엄마는 돈을 절약해서 학교에 보내고, 옷이며 물건이며

다른 친구에게 뒤지지 않게 늘 신경을 써 주셨지요.

저는 엄마의 사랑으로 자랐어요.

그러는 동안 엄마는 젊음을 잃고 건강을 잃었지요.

제가 말도 안 듣고 고집부려서 엄마 애를 많이도 태웠지요.

저 때문에 흘렸던 수많은 눈물을 어떻게 갚을 수 있을까요.

철없던 저를 용서해 주세요.

지금 이 삶은 저에게 선물이에요.

그중에서 가장 크고 중요한 선물은 엄마예요.

이 생에서 내 엄마가 되어 주셔서 정말 감사합니다.

다음 생이 있다면 다시 엄마의 아이로 태어나고 싶어요.

✉ 쩐티지엠미

사랑하는 엄마께

함께 사는 동안 늘 엄마에게 고마웠지만, 고맙다고 말할 용기가
없었어요. 엄마가 해 주는 것들을 당연하게 여기기도 했고, 그런 말을
하기가 어쩐지 쑥스러웠지요. 편지를 쓰려고 펜을 드니 이상하게도
쑥스럽지 않네요.

엄마! 나의 가장 예쁜 집이 어디 있는지 아세요?
그 집은 바로 엄마 뱃속입니다.

어릴 땐 빨리 어른이 되고 싶었어요. 학교 끝나고 놀러 가고 싶은데
엄마는 안된다고 하셨지요. 어른이 되면 하고 싶은 것 다 할 수 있고,
돈도 벌 수 있으니까요. 철없는 생각이었지요. 막상 어른이 되어 밖에
나가 일을 하고 보니, 엄마 곁에 있을 때가 편하고 좋았다는 걸 알게
되었죠. 엄마가 해 주는 밥이 제일 맛있는 것처럼요.
처음에 돈 벌러 멀리 가면서 엄마께 매달 돈을 보내 드리면 엄마가
기뻐하실 거라고만 생각했어요. 집에 돌아와 보니 엄마는 그동안 제가
보낸 돈을 하나도 쓰지 않았더군요. 나중에 나를 위해서 쓰라며 모두
저축을 해 두셨지요.

제가 한국 사람과 결혼해서 멀리 떠나겠다고 했을 때 엄마는 심하게
반대하셨지요. 하나밖에 없는 딸을 그렇게 먼 곳으로 시집보낼 수
없다고요. 하지만 그것은 저의 운명이었어요.

남편과 함께 한국에 가기 위해 비자를 받은 날, 그날은 기쁘기도 하고 슬프기도 했어요. 결혼생활을 생각하면 행복했지만 엄마 품을 떠나야 한다는 건 슬펐지요. 전에 일하러 떠난 것은 3년이었지만 한국으로 떠나면 돌아올 기약이 없었지요.

비행기 타러 공항에 갔던 날, 엄마가 공항까지 배웅하겠다고 했는데 제가 혼자 가겠다고 했잖아요. 그날 겉으로는 아무렇지 않은 척했지만, 마음속으로는 눈물을 삼키고 심장이 칼끝에 찔린 것마냥 가슴이 아팠어요.
제가 떠날 때 엄마는 "남편과 시부모님 사랑하고 존중하며, 모든 일을 할 때 조심해야 해."라고 말씀하셨지요. 그 말씀에 따라 살려고 항상 노력하고 있어요.

제가 당신의 딸이라는 이유로 조건 없이 무한한 사랑을 주셔서 정말 감사해요. 늘 엄마의 건강을 기원합니다. 저는 행복하게 지내고 있으니 제 걱정은 마시고 엄마의 행복을 위해서 사세요. 엄마 뵈러 곧 갈게요.

✉ 사랑을 전하며 엄마 딸 황티토아

몽골에 계신 엄마에게

엄마 오랜만이에요. 둘째 딸 사라예요.
제가 몽골을 떠난 지도 벌써 15년이 지났네요. 저는 어렸을 때부터
엄마를 참 좋아했지요. 항상 엄마와 붙어 다녔어요. 이번 명절에
가족들이 모두 외갓집에 다녀왔다고 했는데 저는 함께할 수 없어서
너무 슬펐어요.

제가 한국에서 남편과 결혼하겠다고 했을 때 반대하셨지요. 한국말도
못 하는데, 제 딸이 그런 상황이었으면 저도 반대했을 거예요. 그때는
모든 것을 포기하고 한국으로 왔는데, 다시 몽골로 돌아갈 용기가
없었어요.
결국 엄마는 뜻을 굽히시고 제 결혼식에 참석하기 위해 한국에
오셨지요. 엄마는 항상 그랬어요. 결국에는 제 편을 들어 주시고 저를
지지해 주셨지요. 정말 감사드려요.
지금 저는 가족들과 행복하게 살고 있어요. 그러니 걱정하지 마세요.
우리 가족을 사랑해 주셔서 정말 감사해요. 제 아이들도 엄마를
좋아하고, 항상 보고 싶다고 해요.

엄마를 다시 만날 수 있는 날이 빨리 왔으면 좋겠어요. 그날까지 건강
잘 챙기시고 잘 지내세요. 사랑해요, 엄마.

딸 김사라

40년 전에 돌아가신 모친 전상서

어릴 땐 철이 없었고, 머리가 커서는 다른 곳에 넋이 빠져서
효도는커녕 오십 대 초반에 남편을 잃고 홀로 힘들었을 어머니 마음을
손톱만큼도 헤아리지 못했어요.

그래도 이 딸이 복이 있어서 늦게나마 불법을 만나 어머니께 잘 해
드리지 못한 죄의식을 깨닫고 마음을 닦아가고 있어요.
생전에 고생만 하다 가신 불쌍한 우리 어머니.
저희 두 딸이 스승님들의 도움으로 부처님의 가피를 받아 백중 기도를
시작했습니다. 부디 극락왕생하시기를 기원합니다.

당신께서 비록 망자가 되셨지만, 불법에 인연복이 있으신 분이니
이젠 근심 걱정 다 내려 놓으시고, 그곳에서도 부처님의 가르침을
깨달아 해탈하시어 대자유를 누리도록 하시옵소서.

佛子정각심 박내순

누구보다 아름다운 나의 어머니께

제 나이 열두 살 때, 어머니는 가족의 생계를 위해 리어카에 사과, 배,
배추, 무를 비롯해 온갖 과일과 채소를 싣고 "사과 있어요~
배추 왔어요~"를 외치며 육거리에서 밤고개 길까지 장사를 하셨지요.
추운 겨울 이른 새벽부터 연탄불을 갈고, 식구들의 끼니를 바삐
챙기시며 장사를 나서기 위해 보자기를 둘둘 말아 목에 감고 나서던
어머니의 뒷모습이 아직도 눈에 선합니다.

어리고 철없는 마음에 혹여 친구들이 볼까 어머니의 리어카를 더 많이
밀어 주지 못한 게 많이 후회스럽고 죄송합니다.
두 아이의 아빠가 된 지금도 늘 제가 잘살기만을 걱정해 주고 기도해
주시는 어머니가 계셔서 얼마나 든든한지 모릅니다. 장사를 마치고
돌아오실 때면 어머니 품속에 흠집 난 사과와 배가 들어 있었지요.
먹을거리가 풍요로운 요즘도 저는 형제들과 그 과일을 나누어 먹던
그 시절이 그립습니다. 가족을 위해 희생하셨던 어머니를 보며
자란 덕에 지금의 저는 가장으로서 열심히 살 수 있게 되었습니다.
어머니는 제 삶의 원동력이 되어 주셨습니다.
어머니 저에게 세상을 선물해 주셔서 감사합니다. 어머니가 제게
주신 사랑 이젠 제가 배로 드릴 테니, 제 곁에 몸 건강히 오래오래 계셔
주세요. 진심으로 존경하고 사랑합니다.

✉ 막내아들 나광섭

그곳은 어떠신가요?

정말 오랜만에 편지를 쓰네요. 엄마와 이별한 지도 어언 15년이
다 되어 가네요. 엄마의 모습은 늘 제 마음속에 있어요. 저는 항상
엄마를 그리워하고 있습니다.

저를 낳아 주시고, 튼튼한 몸과 마음을 가질 수 있도록 잘 키워
주셔서 감사합니다. 제가 아이 낳아 키워 보니, 엄마에 대한 그리움이
더 간절해집니다. 어린 시절에는 속마음을 표현하는 게 부끄럽고
머쓱해서 잘 표현하지 못했어요. 살아 계실 때 더 많이 사랑한다고
말하고, 더 자주 고맙다고 표현했더라면 좋았을 텐데요.

저는 잘 지내고 있어요. 엄마의 묵묵함과 참을성을 닮아서인지 힘든
일이 생겨도 잘 견디고 이겨 낸답니다.
엄마 있는 그곳은 어떠신가요? 어디쯤 계신가요? 편안하신가요?
일곱 딸을 위해 늘 기도했던 엄마의 모습이 시간이 흐를수록 가슴
저미게 그리워요.

인연에 따라 있는 듯 없는 듯, 자연의 순리에 따라 살라고 하셨지요.
엄마의 가르침대로 사는 것이 어려울 때도 있었어요. 인간의 마음은
언제나 희로애락에 흔들리니까요. 하지만 우리 일곱 자매는 엄마를
닮아서 우애 다지며 자기 자리에서 각자 열심히 살고 있답니다.

우리 모두 건강하게 잘 지내도록 하늘나라에서 지켜봐 주실 거죠?

엄마!
나, 잘 살게요.
언니, 동생들과 함께 엄마 만나러 가는 날까지 열심히 기도 하면서
잘 살아 볼게요.
생각만 해도 가슴이 먹먹해지는 엄마, 사랑합니다.

✉ 송남순

이 세상에 단 한 분이신 우리 엄마

종갓집 맏며느리로 시집와서 대를 이어야 한다는 생각으로 줄줄이
딸 여섯을 낳고, 겨우 아들 하나를 낳아 칠 남매를 키우신 우리 엄마.
얼마나 고단하셨을까요. 누구에게 말도 못 하고, 하루도 등 펴고
쉬는 날 없이 눈물과 땀으로 살았을 생각을 하니 눈물이 두 볼을 타고
흐릅니다.

이제는 허리며 다리, 온몸이 아프지 않은 곳이 없네요. 아버지
돌아가시고 아파트에서 홀로 14년을 지내시는 동안 얼마나 외롭고
쓸쓸하셨을까요. 전에는 자식들이 돌아가며 엄마 집에서 주말을 함께
지내기도 하고, 엄마 모시고 여름 휴가를 보내고, 해외여행을 하기도
했는데, 이제는 나이 들어 쇠약해지셔서 그마저도 할 수가 없네요.
엄마는 자식들 오는 날만을 기다리며 아파트 베란다를 하염없이
바라보는 것으로 시간을 보내시니, 얼마나 힘들고 서글프실까.
엄마는 칠 남매나 되는 자식들이 함께 모일 날을 얼마나 기다릴까.
엄마가 되어 보니 자식들 기다리는 엄마의 그 마음을 조금은 알 것
같네요. 생각하면 가슴이 먹먹합니다.
엄마, 이 세상에 단 한 분이신 우리 엄마.
좋은 생각만 하시고, 건강 챙기시며 지내세요.
사랑합니다, 엄마.

 박순남

엄마! 인생은 지금부터예요. 해는 금세 지지만 노을빛은 오래
남지요. 붉은 노을처럼 오래도록 환하고 아름답게 사세요.
그 빛깔에 저도 조금은 보탤 수 있게 해주세요. 사랑해요.

잘 지내시죠? 서 셋째 딸이에요

연락도 잘 안 하고 그저 저 혼자 바쁘게 사는 그 미운 딸이요.
건강 관리하신다고 운동도 하시고 동네 분들 만나 손주 자랑도 하시는
엄마가 고마워요. 우리 오 남매 키우시느라 힘드셨을 텐데,
이젠 엄마가 하고 싶은 거 하시며 즐겁게 사세요.
큰언니가 대접하는 소고기 드시고 건강도 챙기시고요. 작은언니랑
여기저기 구경도 다니세요. 넷째 딸과 카페에 가서 차 한 잔 마시며
여유도 즐기시고요. 햄버거집에도 가셔서 멋진 신식할머니도
되셔야죠. 자식들에게 대접받고 효도 받으세요. 이제 자리 잡은
막내아들 효도도 받으시고요.
제 아이들이 어려서 엄마가 매번 도움 주려고 하시는데,
그거 거절해서 죄송해요. 엄마 힘들까 봐 생각해서 하는 거절이니
너무 서운해 하지 마세요.

스물셋 어린 나이에 결혼해 아이 다섯 낳고 키우느라 젊은 시절 다
보내셨으니, 이제 남은 인생은 즐기며 사셨으면 좋겠어요. 며칠 전
가족 단톡방에 동생이 쉰 살 때의 아빠 사진과 엄마 사진을 올렸어요.
지금 저희와 비슷한 나이였던 부모님을 보니 가슴이 뭉클했어요. 지금
저희가 느끼는 것들을 그때의 엄마도 느끼셨겠지요.
엄마도 쉰 살이 되면서 젊음이 그립고 아쉽고 그러셨나요?
엄마 환갑에 찍었던 리마인드 웨딩 생각나세요?
그때의 엄마 모습을 떠올려 보니 '지금이 가장 젊을 때다'라는 말의

의미를 깨닫게 되네요. 예순 살이 되어 리마인드 웨딩을 할 때 우린 엄마가 늙었다고 생각했는데, 지금 생각하니 그때가 젊었을 때였던 거예요.

엄마! 여든 살의 리마인드 웨딩은 제가 선물할게요. 아빠와 결혼했던 그때로 돌아가 엄마의 싱그러운 젊음을 다시 느끼는 기회를 만들어 드리고 싶어요. 붉게 타오르는 노을처럼 지금 엄마의 시간을 아름답게 물들이고 싶어요.

엄마! 인생은 지금부터예요. 해는 금세 지지만 노을빛은 오래 남지요. 붉은 노을처럼 오래도록 환하고 아름답게 사세요. 그 빛깔에 저도 조금은 보탤 수 있게 해 주세요. 사랑해요.

 이유남

오늘 같이 행복한 날을 다 보고싶습니다

어머니!
어젯밤 꿈에 어인 일로 저를 찾아오셨습니까?

돌아가신 지 반백 년도 더 된, 56년의 세월이 흘렀는데, 아직도
이 아들의 생일을 기억하고 계셨는지요. 오늘은 아내와 며느리의
합작으로 잘 차려진 생일상을 받았답니다. 케이크도 자르고,
생일 축하 노래도 부르고 많이 행복했습니다.

그러나 어머니! 아직도 제 생일이면 옛날 어머니께서 차려 주시던
생일상이 생각납니다. 어머니께서 차려 주신 생일상은 오늘처럼
상다리가 부러지도록 차려진 상은 아니었지요. 밥그릇 위에 밥그릇을
포개 놓은 듯 듬뿍 담은 흰쌀밥. 그러나 아래는 보리밥이었고 위에만
흰쌀로 살짝 덮은 밥이었지요. 몇 숟가락으로 없어진 하얀 밥알이
아쉬웠지만 너무나 꿀맛이었습니다.
그 밥을 푸며 어머니의 마음이 얼마나 아팠을까요. 생일에 흰쌀밥
한 그릇을 줄 수 없었던 가난이 얼마나 원망스러웠을까요. 철없던
이 불효자식은 긴 세월이 흐른 후에야 그 마음을 헤아릴 수 있게
되었습니다.
어머니의 그 생일상이 너무나 그립습니다. 지금 이렇게 잘 차려진
음식이 맛이 있다고 한들 옛날 어머니께서 차려 주셨던 그 음식 맛에
어찌 비할 수 있겠어요.

2년 후면 제가 칠순이 됩니다.

저를 이렇게 튼튼하게 낳아 주신 은혜로 이 나이 되도록 건강하게 잘

살고 있습니다. 어머니께 효도하는 마음으로 어머니께서 주신 이 몸,

열심히 운동하며 건강하게 지키겠습니다.

너무나 일찍 돌아가신 어머니!

오늘 같이 행복한 날은 더 많이 보고 싶습니다.

사랑합니다. 어머니!

아들 최춘호

벌써 98세 꼬부랑 할머니가 됐네

나도 애 셋 키우느라 정신없이 살다가 거울을 보니 어느새 내
얼굴에도 주름이 많아졌어. 세월이 흘러서인지 거울을 보면 거기에
엄마 얼굴이 겹쳐 보여.
엄마가 몸도 안 좋아지고, 난방도 잘 안되는 집에서 사시는 게 마음에
걸려 모셔 왔는데 그게 벌써 1년이나 되었네. 엄마가 우리 곁을
안 떠나고 우리 옆자리에 계셔서 고마워요.

옆에서 엄마 일과를 보고 있으면 가뜩이나 넓지 않았던 엄마의 세상이
더 좁아진 것 같아 씁쓸해. 끼니때마다 일어나서 밥만 드시고
또 주무시고, 점심에 잠깐 베란다 의자에 앉아 사람 구경 차 구경하고
간식으로 드린 아이스크림을 맛있게 드시면 나는 왜 이리 눈물이 핑
도는지 모르겠어. 그래서 괜히 옆에 앉아 엄마에게 장난을 치지.

사는 것이 어찌 행복한 날만 있을 수 있겠어. 웃는 날도 있고,
짜증 나는 날도 있고, 속상한 날도 있지. 그래도 다행인 건 엄마와
살아가는 이 한순간 한순간이 얼마나 소중한지 알 수 있다는 거야.

억척스럽게 1남 3녀 혼자 키우며 온갖 고생 마다하지 않고 자식
뒷바라지하셨지. 내가 태어나서 엄마가 씻겨 주고, 입혀 주고,
밥 먹여 주었던 것처럼 지금은 엄마가 나에게 해 주었던 것들을
거꾸로 내가 해 주고 있네.

우리의 인연이 마감하는 날까지 우리 웃으며 살아요. 하나하나 소중한 추억을 만들면서.

나는 오늘도 엄마 옆에 앉아 엄마가 가시는 그날까지 부디 편안하기를 기도합니다.

이유진

주름 꽃 엄마께

엄마, 지난달 새벽녘에 많이 놀랐지?
몇 년 전 관절 수술한 두 다리를 갑작스레 다쳐서 구급차를 타고
병원에 실려 와 수술하고 입원하느라 많이 무서웠을 텐데,
우리 오 남매는 그런 엄마 마음도 헤아리지 못하고, 바쁘다는 핑계로
간병인을 붙여 놓고 가버린 것을 생각하면 아직도 미안한 마음뿐이야.
낯선 병원에서 홀로 지내는 두려움을 견디지 못해 심각한 섬망에
시달리고 삶과 죽음의 경계를 오가며, 고통과 싸우다 잠든 엄마
얼굴에 주름이 가득한 걸 보니 가슴이 많이 아렸어.
그렇지만 엄마의 주름은 마냥 쭈글쭈글한 할머니 주름이 아닌,
주름 사이사이마다 엄마가 걸어 온 지난 세월의 자취가 깃들어 있어
꽃다운 주름처럼 보이는 거 있지.

엄마 얼굴에 핀 꽃잎 하나는 어릴 적 남동생을 잃은 슬픔,
그 옆에 있는 꽃잎 하나는 시집살이하던 새색시 시절,
다른 꽃잎 하나는 오 남매 키우느라 등골 휘도록 고생한 세월,
또 따른 주름 꽃잎 하나는 잘하는 것을 가슴속 깊이 묻어 두어야만
했던 분홍빛 꿈,
마지막으로 가장 진한 주름 꽃잎 하나는 아버지 먼저 보내고 혼자서
그 자리 지키느라 애쓴 20년 세월.
꽃처럼 아름다웠으나 쉽지 않았던 80여 년의 세월.

누군가의 딸로, 누군가의 아내로, 우리들의 엄마로 살아오느라 고생 많았어.

어깨에 가득 짊어진 짐 다 내려놓고 우리 오 남매와 남은 세월 많이 웃으면서 행복하게 보내자.

나들 이 세상에 태어나게 해 주고, 사랑으로 키워 줘서 정말 고마워.

엄마 진심으로 존경하고 사랑해.

✉ 칠월 어느 무더운 여름날 셋째 딸 김미선

그리운 나의 어머니, 연화 보살님

이 세상에 우리 어머니로 오셨다가 선의(仙衣)로 갈아 입고
하늘나라로 돌아가신 지 벌써 3년이라는 시간이 흘렀습니다.
이승에서 저희 형제들과의 인연은 좋으셨는지요.

이승에서의 그 삶은 참으로 혹독했습니다. 18세에 시집와서
불혹(不惑)을 겨우 지나 남편과 사별하고, 팔 남매를 혼자서
키우시느라 고달프셨지요. 거친 행상일로 두 손은 주름으로
문신하였고, 하얗던 얼굴은 볕에 그을려 검버섯이 늘어 가도 거울
앞에서 제대로 얼굴을 들여다볼 새 없이 바쁘고 힘든 삶을 받아들이며
사셨습니다. 그래도 당신은 이승에서 부처님께 귀의하셨지요.
연잎이 담을 수 있는 만큼의 물방울만 담고 나머지 물은 미련 없이
버리듯이 욕심내지 않고 자신의 분수를 지키며 사셨고, 자식들에게도
그 가르침을 주시며 연화라는 법명과 어울리는 삶을 사셨습니다.
그리고 낮이나 밤이나 오직 자식들 잘되기만을 기도하셨습니다.
그 덕으로 저희 팔 남매가 무탈하게 자랐고, 선한 마음으로
욕심부리지 않고 각자의 자리에서 이렇게 편안한 삶을 누리고 있는 것
같습니다.

어머니!
'꽃잎은 떨어지지만, 꽃은 영원히 지지 않는다'라는 말이 있지요.
팔 남매 어머니 역할을 부여 받고 이승에 오셨던 어머니를 통해,

'여자는 죽어도 어머니는 사라지지 않는다'는 사실을 다시 한 번 깨닫고 기억하게 되었습니다.

그리고 "남에게 발을 밟히면, 미안하다고 고개를 숙여라."라던 당신의 그 깊은 뜻을 이순(耳順)이 된 오늘에야 알았습니다. 남에게 양보하고 한 번 더 생각하고 행동하라는 말씀이라는 것을요.

이제는 어머니의 아들이기보다 자식 키우는 부모로서 자식들을 위해 기도하고, 그들의 인생에 조금이라도 도움이 될 수 있도록 노력하고 있습니다.

신록의 자연은 진초록의 잎을 만들고, 시간이 흐르면 갈색의 나뭇가지를 만들어 낙엽도 뿌리겠지요. 그러는 동안 저희 형제도 하나 둘, 어머니가 이승에서의 연을 끊으셨던 것처럼 비슷한 삶을 받아들이는 날이 오겠지요.

그래서 이제 남은 날들이라도 어머니의 순수했던 어린 아들로 돌아가 주위를 사랑하며 함께 살아가고자 합니다. 그리고 저 자신을, 그리고 형제들을 외롭지 않게 하도록 최선을 다해 보겠습니다.

그것이 어머니의 바람이기도 했으니까요.

어머니!
비록 육신은 저희 곁을 떠나셨지만, 영혼으로 오실 수 있다고 믿고
있습니다.
그리운 내 어머니, 김영선, 연화 보살님! 어디서나 당신을 부르면 바로
오실 수 있는 날이 있겠죠. 그때 손 내밀어 주십시오.
'내 아들' 하시면서요.

 박돈목

여든 살 소녀 우리 엄마

엄마! 언제 불러도 정겹고 가슴 벅찬 우리 엄마.
요즘 옆에서 엄마의 어린 시절 얘기를 들으면, 마치 엄마의 동생이
되어 엄마의 순수하고 꿈 많던 소녀 시절을 지켜보고 있는 것 같은
기분이 들어. 엄마가 갖은 고생을 한 이야기를 할 때면 내 눈가가
얼마나 시린지 몰라.

엄마는 시골 마을인 대비에서 딸 부잣집 여섯 자매의 셋째 딸로
태어났지. 큰언니, 작은언니는 일찍 시집을 가 가정을 꾸렸고,
밑에 동생은 도시로 돈 벌러 갔지. 그래서 엄마는 집안일을 도맡아
하면서 늦둥이로 태어난 막내의 젖동냥까지 하며 업어 키웠댔지.
그 시절 엄마도 아직 어린 소녀였는데 얼마나 고되고 힘들었을까.
그래도 엄마는 셈이 빠르고 기억력도 뛰어나 학급 반장을 도맡았고,
달리기도 잘해 학교 대표 선수도 했다며 환하게 웃음을 지었어.
그럴 때면 엄마가 자랑스러웠어. 그 시절의 엄마에게 대단하다고,
멋지다고 말해 주고 싶어.
그 재주 많고 영리했던 소녀가 가정 형편이 넉넉하지 못해 꿈을
펼치지도 못한 채 시골로 시집와 농사일을 하며 고된 시집살이를
하고, 다섯 남매의 엄마로서 힘겹게 살았으니 그 마음이 오죽했을까
싶어.

오십이 넘은 나이가 되어서야 엄마의 지난 세월을 헤아리게 돼서

미안해. 지치고 힘들었을 텐데 우리한테 강인한 모습만 보여 주며
삶의 길잡이가 되어 주고 희망을 불어넣어 줘서 고마워. 점점 기억을
잃어 가며 이젠 아무것도 할 줄 모른다며 여덟 살 소녀처럼 웃고
있지만 난 그런 엄마도 좋아.

엄마의 정성 덕분에 지금의 내가 존재하고, 두 아이의 엄마로
열심히 살아올 수 있었어. 앞으로 남은 엄마의 세월 나랑 같이 즐거운
추억 많이 만들어 가며 행복하게 살자.
정성으로 키워 주시고 아낌없는 사랑을 베풀어 줘서 진심으로 고맙고
사랑해.

7월 어느 날 엄마의 둘째 딸 김미경

죽어서도 그리울 이름 어머니

당신을 어이없이 보낸 지 어느새 십 년의 시간이 지났네요.
국화꽃을 유난히도 좋아하셔서 시월이 오기 전부터 집안 가득
꺾꽂이한 대국들을 들여놓으셨지요. 늘 국화꽃 향기 가득한 겨울을
보낼 수 있었고 저도 덩달아 국화꽃을 좋아하게 되었죠.
가을이 오면 손재주가 없는 저는 국화꽃 화분을 사들여 한 아름씩
피어나는 국화꽃 향기에 취해 살았습니다. 그러나 당신을 보내고 나는
더 이상 국화꽃을 사지 않습니다.

어머니가 계신 덕분에 사십이 넘도록 김치 한 포기 버무려 본 적
없이 두 아이를 키울 수 있었어요. 그러는 동안 어머니는 얼마나
힘드셨을까요. 그 고되고 힘든 삶을 제대로 알아주지 못하고 넙죽넙죽
받아먹기만 하는 철없는 막내딸이 때로는 얼마나 야속했을까요.
가시는 마지막 순간까지 덜렁덜렁 간호하는 딸 걱정에 잡은 손 차마
놓지 못하던 어머니가 떠올라 가슴이 아픕니다.

당신을 보내고 남은 시간을 살면서 하루를 살아내면 하루만큼
일 년을 살고 나면 또 그 일 년만큼 당신이 그립고 당신께
미안해집니다.

생전에 하지 못했던, 어쩌면 끝까지 듣고 싶어 했을지 모를 말을

당신이 떠나고 홀로 되뇌입니다.

엄마, 미안해요. 난 정말 몰랐어요. 살아낸다는 게, 하물며
엄마라는 이름으로 산다는 게 얼마나 고되고 대단한 일이었는지를.
엄마, 정말 고마워요. 이렇게 아름다운 오늘을 살 수 있게 나를
낳아 주고 길러 주셔서.

엄마! 사랑해요. 정말 많이 보고 싶습니다.

✉ 안순필

미안해요, 엄마!

엄마에게 편지는 육십 평생에 처음으로 써 보는 것 같아요. 편지를
쓰는 이 순간이 어색하기도 하지만, 펜을 들고 보니 미안한 마음이
앞섭니다. 엄마는 우리에게 무한한 사랑을 베풀었는데, 난 엄마한테
사랑한다는 말조차도 전하지 못했어요.

엄마는 평생을 가족을 위해 희생하며 살아오셨지요. 잘 걷지도
못하고, 약을 한 움큼 먹어야 겨우 버틸 수 있는 몸이 되어
서글퍼하시는 모습을 볼 때마다 가슴이 아려옵니다.

지금도 아픈 몸으로 당신 자신보다 아버지를 더 걱정하시고, 자식들이
찾아오면 와 주어서 고맙다는 말만 되풀이하셔서 짜증이 날 때도
있었어요. 이제 엄마 자신만을 위해서 살아도 되는 나이인데, 아직도
남편 걱정에 자식 걱정이시니 속상해요.
평생 그렇게 사셨기에 지금도 우리가 엄마를 찾아뵈면 몸이 불편해
너희들 힘들게 해서 미안하다고 말씀하시는데, 엄마! 고맙다는 말,
미안하다는 말, 안 하셔도 돼요. 자식들이 엄마 찾아뵙는 건 당연히
해야 할 일이에요. 미안하고 고맙다는 말은 자식들이 엄마한테 해야
할 말이에요.

성격이 급하신 아버지가 자식들에게 불만을 표현하실 때도 엄마가

중간에서 속 많이 썩었지요. 아버지는 성격이 불같았지만, 엄마는 조용하고 큰소리 한번 내지 않으셨지요.

내가 엄마에게 아버지가 소리 지르시면 엄마도 아버지한테 소리 한번 크게 질러 보라고 농담처럼 말하면 엄마는 그러면 뭐하겠느냐고 말씀하시곤 하셨죠. 그렇게 속으로만 담아 두셨으니 얼마나 많은 한이 겹겹이 쌓였을까요. 그래서인지 엄마는 항상 천수경을 틀어 놓고 듣곤 하셨죠.

나는 가끔 그렇게 사시는 엄마 모습이 답답할 때도 있었어요. 하지만 엄마의 그런 희생 덕분에 지금 우리 형제들이 큰 문제 없이 잘 지낼 수 있었지요.

지금도 엄마가 내 곁에 살아 계셔서 고마워요. 건강이 좋지 않지만, 관리 잘하셔서 더 오래 사셨으면 좋겠어요. 최소한 10년은 더 사셔야 해요. 10년 후 100세가 될 때까지.

엄마! 그동안 엄마의 수고와 희생 알지 못해서 미안해요.
그리고 사랑해요.

 맏딸 김원자

사랑하는 엄마, 보세요

제가 이제 나이가 들고 보니 엄마의 마음을 많이 헤아리게 되네요.
가끔 엄마 마음 아프게 했던 말들도 떠올라 후회되고요.
저는 행복한 세대로 태어났다는 생각을 많이 해요. 엄마 세대는
힘겨운 일을 많이 겪었지요. 시골에서 태어나 시골로 시집와서
모진 시집살이 겪으시고, 고된 농사일 다 하시며 저희 삼 남매를
키우셨지요. 저는 엄마처럼 훌륭하신 분은 이 세상에 없다고
생각해요.
가난한 집에 태어나 여자라는 이유로 상급학교에 진학하지 못하신
한(恨) 때문에 자식들은 어떡하든지 공부시키겠다는 일념으로
사셨지요. 당신 몸 상하는지도 모르고 자식 뒷바라지해 주신 덕분에
저는 엄마보다 훨씬 편안하고 행복한 삶을 살고 있어요. 그런데도
학창 시절에는 주변 친구들과 비교해서 부모님께 많이 못 받았다고
생각하며 살았는데 그게 아니었어요. 엄마는 제게 '먹이를 주는
것보다 먹이를 찾는 방법'을 몸소 보여 주신 멋진 분이세요.
엄마는 주변 분들에게도 따뜻한 분이셨더라고요. 엄마가 세상을
떠나시던 날 많은 사람이 찾아와 아까운 사람을 잃었다며
안타까워하셨던 걸 보면서 알았어요.

저는 엄마가 언제까지나 저희와 함께하실 거라고 생각했기에 엄마를
보내 드리기까지 너무나 힘이 들었어요. 살아계실 때 더 잘해 드리지
못한 것이 마냥 후회되고, 엄마의 따스한 손길, 포근한 품이 얼마나

그리웠는지 몰라요. 그러던 중, 남은 이들이 너무 슬퍼하면 엄마가
좋은 곳에 못 가신다는 말을 들었어요. 열심히 사는 것이 엄마께
보답하는 길이라는 생각을 하며 정신을 차리고 보니 또 그렇게
살아지더라고요.

지금은 엄마께서 여기보다 더 편안하고 좋은 곳에서 행복하게
잘 지내고 계실 거라고 굳게 믿고 있어요. 제 생각이 맞는 거죠?

여기서 많이 고단하시고 힘드셨을 텐데 이제 아프지 마시고 편안하고
행복하세요.

✉ 남희숙

엄마! 맘속으로만 부르며 지낸답니다

제 목소리가 들리세요?
엄마를 맘껏 목 놓아 불러 보았던 적이 있었지요. 어느 날 갑자기
연락을 받고 찾아간 응급실에서 엄마의 거친 숨소리를 들으며 아주
많이 엄마를 불렀던 것 같아요. 이제는 엄마라는 단어를 입으로 소리
내어 부르지 않고 맘속으로만 부르며 지낸답니다.

엄마는 생전에 휴대폰을 사용하실 때 알려 드린 단축 번호를 누르지
않고, 나이 들어 기억이 흐려지는 게 싫다시며 전화번호를 외워서
직접 누르셨지요. 90이 넘으셨을 때도 엄마의 기억력은
참 대단했어요. 항상 메모하는 습관을 갖고 계셨지요.
엄마는 요양원에 계실 때도 루빅스 큐브를 맞추곤 하셨어요. 마디가
붉어진 손가락으로 큐브를 돌려 빨갛고 파란 면들을 잘도 맞추셨지요.

저는 엄마를 닮으려고 노력하며 지낸답니다. 그래서인지 딸들이
제가 갈수록 엄마를 닮아간다는 말을 자주 해요.
무더운 여름이면 옥수수 찐 것과 복숭아를 양손 가득 들고 손녀들
보러 오셨지요. 이제는 제가 엄마처럼 손주들을 보러 양손에 무거운
무언가를 들고 다니고 있답니다.
엄마, 사랑합니다. 많이 뵙고 싶어요.

 딸 김정선

보고 싶습니다

6살 때 어머니는 아프신 중에도 제 생일상을 차려 주셨습니다.
그리고 이틀 뒤 어머니는 돌아가셨습니다.
나는 어머니가 누워 계실 상여를 보기 위해 뛰어갔습니다.
그 모습을 지켜 본 동네 아주머니들이 "저 어린 것을 두고 어찌 가나?
어린 것이 불쌍해서 어떡하나?"라고 말씀하시면서 우시는 것을
보았습니다.
세월이 유수(流水)와 같이 흘러서 어느덧 어머니께서 돌아가신 지
70년이 지났습니다. 이제 어머니가 상여를 타고 가신 그 길을 저도
따라가야 할 때가 머지않은 것 같습니다. 하여 저는 간절한 마음으로
어머니를 불러 봅니다.

보고 싶습니다. 어머니! 당신이 곧 이 세상을 떠날 것을 알면서도
아픈 몸을 이끄시고 어린 아들을 위해 손수 생일상을 차려 주셨지요.

생일날에도, 어머니의 기일에도 저는 어머니가 차려 주신 밥상을
떠올렸습니다. 어머니가 계신 그곳에 가는 날에는 제가 제대로 한
상 차려서 올리고 싶습니다. 그 둥근 밥상에 마주 앉아 밥을 들면서
두런두런 얘기를 나누었으면 합니다.

 정준구

자랑스러운 어머님께

엄마, 오늘도 행복하고 즐거운 하루 보내셨지요?

항상 엄마에게 고마워하는 넷째 딸입니다. 늘 내 곁에 계실 것으로 생각했던 엄마, 저세상 가신지 벌써 28년이 넘었습니다. 긴 세월이 흘렀지만, 엄마와 함께했던 시설이 저에게는 어제처럼 느껴집니다.

엄마가 병석에 누워 얼마 남지 않은 생의 끝자락을 붙잡고 있을 때 저는 그것이 끝이라는 걸 받아들이지 못했습니다. 아버지 일찍 여의고, 종부로서 팔 남매의 엄마로서 모진 일 모두 이겨 내셨지요. 끝없는 집안일과 자식 교육을 위해 하루하루 숙제하듯 살아오셨던 것을 알기에 엄마를 보낼 때 가슴이 아팠습니다.

절망적인 상황에서도 사랑과 정성으로 우리를 길러 주셔서 고맙습니다. 학비는 물론 차비도 부족해서 눈물 흘리며 다니던 학교였지만, 엄마께서 힘써 주신 덕분에 무사히 마칠 수 있었습니다.

지금 우리는 엄마께서는 살아 보지 못한 풍요로운 시대를 만나 소풍 나온 듯 즐겁게 살고 있습니다. 고급스러운 음식 앞에 있을 때마다 엄마가 생각나 마음이 아립니다. 이 좋은 음식을 엄마와 함께 나눌 수 있다면 얼마나 좋을까요. 엄마는 입안의 사탕도 다 내어 주셨지요.

엄마의 사랑과 정성을 먹고 자란 내가 이제는 엄마가 되고
할머니가 되어 엄마 닮은 삶을 살아가고 있습니다. 엄마의 딸로서
아름답게 잘 살아 엄마가 주었던 사랑과 희생이 더욱 빛날 수
있도록 노력하겠습니다.

엄마, 지금의 나를 있게 해 주서서 고맙습니다.
사랑합니다. 그리고 존경합니다.

유애경

이렇게 편지를 써 보는 건 처음이에요

매일 전화 통화는 하지만 이렇게 편지를 써 보는 건 처음이에요.
요즘 엄마 생각을 참 많이 하게 됩니다.
제가 결혼해서 시어머니 모시고 산 지 30년째. 내내 건강하시다가
몇 년 전부터 노환으로 건강이 안 좋아 제 손을 많이 필요로 하십니다.
아픈 시어머니 보면서 엄마는 얼마나 힘들었을까, 하고 엄마의
지난했던 시간을 떠올려 봅니다.

젊어서는 우리 삼 남매 키우시느라 애쓰셨고, 50대 초반 조금
편해지자 아버지가 중풍으로 쓰러지셔서 그 후 20년을 작은 체구로
병시중하느라 고생하셨는데, 자식들은 있어도 다들 멀리 살고
바쁘다는 핑계로 자주 찾아뵙지도 못했습니다. 자식들한테 부담될까
연락 한번 안 하시고 엄마 혼자 정말 수고 많으셨습니다.

아버지 돌아가시기 전 엄마와 아버지를 청주로 모시고 올 때는 솔직히
자식으로서 의무감으로 모시고 왔지요. 그런데 엄마가 가까이 계시니
함께 할 수 있는 게 많더라고요. 엄마가 해 주신 밥을 먹고, 엄마가 딸
보고 싶어 할 때나, 맘이 고달플 때, 좋은 일 있을 때 등 언제든 엄마를
볼 수 있어서 좋았습니다.

시어머니 모시고 사는 딸 힘들까 봐 미리 걱정하지 마시고 편히
전화하세요. 보고 싶을 때 언제든 오라 하면서 제 곁에 있는

동안 편안히 지내세요. 가족들을 위해 희생하며 사시느라 고생
많으셨습니다.

아침마다 전화하면 '어~ 우리 딸!'하고 반갑게 받아 주는 엄마의
목소리를 들을 수 있어서 좋아요. 지금처럼 열심히 건강관리 잘하시고,
씩씩하게 생활하시면서 제 곁에 오래오래 계셔 주세요.
엄마, 사랑합니다.

✉ 딸 고미옥

세상에서 첫 번째 내 편

젊었을 때 엄마는 한마디의 말에도 힘이 있었고, 행동 하나에도
민첩함이 있었지요. 운동화는커녕 검정 고무신을 끌고 다니며 살림에
보태려고 억척스럽게 일을 하셨어요. 고집스러움도 그 누구에게
뒤지지 않았으며, 다른 친구 엄마들에 비하면 어린 나이였지만,
그 누구에게도 지지 않는 강인함이 있었어요.

지금의 엄마는 내 말 한마디를 무서워하고 내 행동 하나에 온 신경을
씁니다. 내게 부담 주지 않으려고 천 원 한 장 쓰는 걸 벌벌 떨고, 내가
사 준 신발 한 켤레에 아이처럼 해맑게 웃지요. 고집스러움은 어디로
갔는지 옳은 말씀 하시다가도 "우리 딸 말이 맞네" 하며 물러섭니다.
세상 그 누구보다 여리고 눈물 많은 소녀가 되어 버린 나의 엄마.

어렸을 때 젊은 엄마의 억척스러움이 때론 부끄럽고 창피했는데,
나이 먹은 엄마의 모습은 안쓰럽고 짠해 가슴이 시립니다. 차라리
엄마 생각이 틀렸더라도 끝까지 맞다고 우기는 고집불통이었으면
좋겠어요. 다른 엄마들처럼 먹고 싶은 것 갖고 싶은 것 당당하게
말씀하셨으면 좋겠어요. 본인밖에 모르는 이기적인 엄마였으면
좋겠어요.

젊은 시절, 그렇게 고생하며 힘겹게 자식 키우고 살아왔으면서 지금은
그 자식 눈치 보고, 아직도 무조건 아낌없이 주는 엄마를 볼 때면

마음이 아리기도 하고, 미안하기도 하고 감사하기도 한 복잡한 감정이
생깁니다.

어릴 땐 너무 어린 엄마가 창피했는데 지금은 마흔다섯 살인 나와
화장도 같이 할 수 있고, 예쁜 옷도 같이 입을 수 있고, 어디든 여행도
함께 할 수 있고, 맛있는 것도 함께 먹을 수 있어서 좋아요.
어느 누구보다 친한 친구가 되어 주셨기에 얼마나 사랑스럽고
감사한지 몰라요.

세상에서 첫 번째 내 편인 나의 엄마 정여사님
제가 너무나 아끼고 감사하고 늘 사랑합니다.

정여사님의 첫 번째 편이자 친구 같은 딸 임춘화

세월의 깊이

오랜만에 방문한 딸에게 손님이 온 것처럼 커피를 타 주시는 우리
엄마. 안그래도 된다고 말씀드려도 이미 웃으며 커피를 타고
계십니다. 챙겨 주는 것이 엄마의 행복인 것을 알기에 딸은 잠시
자리에 앉아 엄마의 손길을 기다려 봅니다.

아픈 허리로 중심 잡으며 걸어 오실 때 찻잔은 잔받침에 부딪치며
덜그럭 덜그럭 사랑의 종소리를 내고, 잔을 건네는 엄마의 손등에는
주름이 가득합니다. 얼굴에만 잔주름이 있는 줄 알았는데 엄마의
손등에도 세월의 깊은 흔적을 남겼네요.
엄마의 사랑 가득한 커피를 한 모금 마시면 그윽한 향으로 가슴을
적십니다.

10대 때는 공부하라는 소리가 잔소리처럼 들려서 귀를 막았고,
20대 때는 좋은 짝 만나 결혼하라는 소리에 자리를 피했는데,
30대 되어 결혼해서 아이를 키워 보니 새삼 엄마의 사랑에 깊은
공감을 하게 되었습니다.
계절처럼 깊어 가는 40대가 되어 부모님의 희생과 사랑에 무한한
감사를 느끼게 됩니다.

친정에 갈 때마다 엄마는 "엄마, 살 빠졌니?"라며 제게 물으셨지요.
나이 들수록 살이 빠지면 볼품이 없어 보인다고요. 언제나처럼

여전히 예쁘다고 대답했지만 똑바로 서지 못하고 굽은 허리가 눈에
들어옵니다.

엄마의 몸에 새겨진 세월의 흔적을 보며 마음을 다해 인사합니다.
정말 감사드려요. 세월만큼 깊었던 엄마의 사랑, 이불처럼 언제나
따뜻해서 좋았습니다.

엄마, 찾아뵐테니 커피 타 주세요.

류현아

어머니께서 살아온 이야기를 하실 때면

아버지와 결혼하게 된 과정부터 꺼내 놓으셨지요.
중매를 선 이모할머니 말씀을 그대로 믿고 맞선을 볼 때, 외모가
반듯한 울 아버지를 보시고는 외할아버지께서는 '그만하면 됐다'
하시며 그 자리에서 사주도 써 주셨다지요.

그 후 두 분은 편지를 주고 받으며 지내다 동지섣달에 결혼식을
올리셨다죠. 신행 가는 날 혼수품을 트럭에 싣고 꼬불꼬불
모래재 산길을 넘고 보니, 6.25 전쟁 때 폭격을 맞아 동네가 거의
사라져 버렸고, 집은 안에서 밖이 훤히 보이는 곳도 있는 엉성한
흙집이었다지요.

시할머니와 혼자 되신 시어머니가 애지중지 공들여 키운 2대 독자
울 아버지는 집안일이라고는 아무것도 모르는 사람이었고요. 없는
것이 더 많은 어려운 형편이었지만 평범한 교육 공무원이었던 아버지
뒷바라지에, 하나둘씩 생겨나는 자식들 키우다 보니 힘든 줄 모르고
살아왔다고 하셨어요.

그렇게 인연을 맺어 70년을 함께 지낸 아버지를 지난해 따뜻한
봄날 저세상으로 보내 드리고, 쭈글쭈글 껍데기만 남아 있는 구순의
울 어머니. 오 남매의 모든 것을 품어 주시는 우리들의 영원한
관세음보살님.

이제 남은 날들은 우리가 든든한 울타리가 되어 지켜 드릴게요.

자손들 걱정일랑 마시고 건강만 조심하세요.

어머니! 늘 존경합니다.

✉ 큰딸 김인숙

늘 든든한 버팀목이 되어 주었던 우리 엄마!

사람 좋아하고 약주 좋아하시는 우리 아버지, 월급날이면 느지막이
얼큰한 모습으로 들어오시는 아버지를 만나 넉넉하지 못한
살림살이에 마음고생도 참 많으셨지요. 늘 씩씩한 모습으로 육 남매
뒷바라지하시며 고생 많으셨습니다.
영원히 건강할 것만 같았던 엄마가 어느새 90대 후반에 들어 키도
작아지고 날로 쇠약해지는 모습에 세월이 야속합니다.

육 남매 모두 그만하면 만족스럽게 잘 살아가고 있는데 아직도 자식
걱정을 놓지 못하고 안고 사십니다. 그 모습이 안타까워
"엄마! 엄마만 건강하게 오래오래 사시면 돼요. 봐 봐요. 우리 육 남매
다들 잘 먹고 건강하게 살고 있잖아요. 무슨 걱정이 그리 많아 걱정
인형 표정으로 사세요?" 하고 속상한 마음에 핀잔을 주면,
"네 남동생 좀 봐라. 살은 저리 쪘어도 몸이 허약해서 집에 오면
솜뭉치처럼 축 처져 있잖니. 네 막내 여동생은 몸도 약한 것이 직장
다니느라 힘들어서 그러겠지만, 아들이 고3인데 한창 사랑 주고
신경도 좀 써 줘야 하는데, 그걸 못 하는 것 같아 너무 속상하다."
하십니다.

어릴 적 기억에도 엄마는 아들, 딸을 많이 차별하였습니다. 엄마
눈에는 아들만 더 많이 보였습니다. 90대 후반의 고령에도 잘만
지내고 있는 아들과 손주 걱정에 엄마 마음은 잔잔할 날이 없네요.

딸딸딸딸에 아들 하나 낳고 막내딸을 낳으신지라 아들을 바랐던
간절한 마음에 나이 드셔서 아들바라기, 손주바라기가 되셨습니다.
육 남매 모두 그런 엄마의 마음을 잘 이해하고 있습니다.

그래요, 엄마!
이래도 좋고 저래도 다 좋으니 지금처럼만 건강하게 우리 곁에서
오래오래 함께 살아요.
사랑해요, 엄마! 하늘만큼 땅만큼 우주만큼!!!

✉ 사랑하는 넷째딸 변경선

제 맘속에 엄마는

요즘 한낮에는 사우나 속에 있는 것처럼 뜨거워요. 그러나 머리를
들어 하늘을 보면 참으로 태평하게 솜사탕 같은 뭉게구름이 두둥실
떠 있네요. 그중에 제일 크고 포근한 구름 속에 엄마와 아빠,
우리가 함께 실려 있는 것 같아요.

엄마는 복숭아를 유난히 좋아하셨지요. 복숭아 계절이 오면 우리
가족은 정원이 5명인 택시에 7명이 차곡차곡 몸을 포개어 타고
복숭아 과수원에 갔지요.
복숭아털을 쓱쓱 털어 내고, 한입 베어 물면 달콤한 과즙이
입안 가득 흘렀지요.
온가족이 마주 앉아 여름 볕에 잘 익은 복숭아를 먹으며 입가에 묻은
복숭아 물을 서로 닦아주곤 했지요. 더할 나위 없이 행복했어요.

참 소중하고 즐거웠던 추억입니다.
제 맘속에 엄마는 이런 분이셨어요.

결혼 전 아빠와 열렬히 연애하셔서 소설 같은 장문의 연애편지가 라면
박스로 한가득이었던 로맨티시스트, 우리에게는 한없이 부드럽지만
강한 의지를 갖고 계신 분, 약국을 운영하시면서 동네 사람에게
건강과 더불어 고민까지 상담해 주는 카운슬러, 자상하신 할머니이자

소녀 감성을 지니신 분, 책과 신문을 가까이하여 세상 돌아가는 것에
해박하신 분, 음식솜씨는 조금 없지만 매사에 최선을 다하셨던 분.
저는 엄마를 항상 존경했어요.
제가 철이 든 후로는 몸이 약한 엄마가 늘 안쓰러워서 가능하면
편하게 해 드리려고 노력했어요. 알고 계셨지요? 오 남매 중에서 제가
엄마 맘을 제일 잘 알았을 거라고 나름 자부한답니다.

제방 책장 위에는 엄마, 아빠의 결혼사진과 45년을 해로하시며 찍은
사진이 나란히 놓여 있어요. 요즘 연예인같이 멋진 아빠와 수줍고
고운 젊은 시절의 엄마 옆에 세월의 풍파를 맞은 주름 가득한 노년의
두 분이 놓여 있어요.
두 장의 사진을 보고 있으면 두 분이 함께 지내 오신 세월, 우리에게
사랑으로 헌신하신 그 세월이 고스란히 느껴집니다.
아낌없이 우리에게 사랑을 베푸신 두 분을 저는 매일 뵙지요.
감사하고, 그리움이 가득한 마음으로.
저는 당신이 보여 주신 삶을 거울삼아 오늘도 열심히 살아갑니다.
보고 싶어요, 그리운 울 엄마.

 박부미

내 엄마

엄마가 이 글을 온전히 읽을 수 있다면, 읽고 내게 짧은 답장이라도
해 줄 수 있다면 얼마나 좋을까. 요새 누가 나한테 소원이 뭐냐고
물으면 내가 뭐라고 답하는 줄 알아?
"엄마가 차려 준 밥상, 엄마 밥상 받아보는 거요." 라고 대답해.
엄마가 아프고 나서는 그게 소원이 되어 버렸어. 하지만 이제 다시는
그럴 수 없겠지. 엄마의 밥상이, 엄마가 해 준 음식이 너무 그리워.
엄마가 아프기 전에는 나는 항상 엄마가 든든한 조력자로, 아군으로
언제까지나 내 옆에 있을 줄만 알았어.
이렇게 아기처럼 말도 잘하지 못하고, 잘 움직이지도 못하고,
우리 얼굴을 기억이나 하는지도 모르는 채 두 달에 한 번씩 유리창을
사이에 두고 겨우 얼굴이나 보게 될 줄은 몰랐어.
엄마는 우리 사 남매를 이렇게 잘 키워 주셨는데, 우리는 각자 살기
바빠 엄마를 요양원에 모실 수밖에 없는 현실이 부끄럽고, 엄마한테
정말 많이 미안해.

사랑하는 내 엄마.
건강하실 때 더 많이 사랑한다고 말하고, 더 많은 시간 함께 보내고,
좋은 추억도 많이 쌓아 갈 걸. 이제 와 뒤늦은 후회를 해.
어려서는 철이 없어서, 커서는 다 컸다고 엄마 곁을 떠날 생각만 했지.
우리를 키우느라 그렇게 고생했는데, 엄마의 지난날들을 왜 이해하지
못하고, 조금이나마 보답할 생각을 왜 하지 못했을까.

이제는 엄마만의 세계에 갇혀 아기가 되어 버린 우리 엄마.
매일 그립고 사랑하는 만큼 너무 미안해. 시간을 되돌릴 수 있다면,
그래서 우리를 보고 이름을 불러 주며 환하게 웃어 주는 건강한
엄마를 다시 한번 볼 수 있다면 얼마나 좋을까 하는 부질없는 생각을
하루에 몇 번이나 하는지 몰라.

그래도 엄마, 이렇게라도 살아계셔서, 아기 같더라도, 내 이름을
기억하지 못해도, 가끔 볼 때마다 희미하게나마 웃어 줘서 정말
고마워. 이렇게라도 엄마를 볼 수 있게 조금만 더 힘을 내줘.
나는 끝까지 엄마한테 부탁만 하게 되네. 이기적인 딸이라고
서운해 말고 오래오래 우리 곁에 있어 줘.

내 엄마. 너무 사랑하고 감사하고 미안해.

✉ 엄마 큰딸 진윤주

엄마가 곁에 있는 것처럼 느껴져요

엄마!

엄마와 헤어진 지 30년이 넘었는데도 엄마와 함께했던 일들이
어제처럼 생각나고, 엄마가 곁에 있는 것처럼 느껴져요.
하지만 이제 엄마가 제 곁에 계시지 않으니 만지고 싶어도 만질 수
없고, 안고 싶어도 안을 수 없고, 도란도란 이야기를 나누고 싶어도
나눌 수 없네요. 안타까움에 가슴이 저립니다.
엄마는 저를 부를 적에 항상 "막내야, 막내야, 예쁜 막내야~"하고 불러
주셨지요. 엄마의 그 고운 목소리가 지금도 귓전에 맴돕니다.

막내딸은 오늘도 엄마가 좋은 데 가시어
행복하시기를 두 손 모아 기도합니다.

막내딸 박종묵

위대하신 어머님께

서른넷에 홀로 되어 그 젊은 나이에 새로운 삶을 찾아가셨을 수도
있었으련만, 올망졸망한 육 남매를 키우시느라 크나큰 희생도
마다하지 않으셨지요.
농사지을 땅도 없고, 장사할 밑천도 없는 가운데 육 남매를 키우느라
어머니는 소득도 변변치 않은 방물장수를 시작하셨지요.
요즘은 드라마에나 등장하는 그 방물장수요.
종일 쉬지도 못하고 이 집 저 집 전전하며 어쩌다 인심 좋은 사람을
만나면 그 집에서 허기를 채웠다고 하셨지요. 그렇게 기운을 차리고
서산에 해가 뉘엿뉘엿 지면 지친 몸을 이끌고 집에 오셨어요. 집에
먹을 것이 없는지라 어린 육 남매는 어머니 오시기만을 눈이 빠지게
기다렸죠. 어쩌다 한 끼 먹을 식량이라도 구하면 있는 집에서는
잘 먹지도 않는 조나, 보리, 잡곡 같은 것일지라도 그 당시에는 그저
고마울 뿐이었지요.

먹을 때보다 굶을 때가 더 많았던 시절, 힘겨웠던 그 시절도 모두
지나갔고, 이제 그 어렸던 자식들도 칠십이 넘은 고령이 되었습니다.
어머님 연세는 98세가 되셨고 너무 쇠약해지셔서 뵐 때마다 마음이
태산같이 무겁습니다.
더욱 건강하시고, 백 세까지 장수하십시오. 부족하나마 최선을 다해
효도하겠습니다.

✉ 강귀만

어머니는 교육열이 참 대단하셨어요

자식들이 초등학교 5,6학년만 되면 청주로 전학시켰지요. 아버지는
지방직 공무원으로 군청에 다니셨고, 어머니는 살림을 했습니다.
아버지 봉급만으로는 칠 남매 공부를 가르치기 어려워 동네
아주머니들과 계를 하여 목돈을 마련하고, 토종벌과 돼지를 키워
교육비를 마련하셨어요. 고생스럽게 일해서 번 돈을 자식들에게
썼지요. 당신 자신을 위해서는 무엇도 사지 않았습니다.

칠 남매 중 넷째인 저는 어머니가 어렵게 가정 살림을 꾸리는
줄 몰랐어요. 칠 남매를 다 가르치니 우리집이 부자인 줄로만
알았습니다. 중학교 때 선생님 권유로 무용을 배우려고 했을 때
어머니는 저를 조용히 불러 앉혀 놓고 말씀하셨어요.
"무용을 시켜 주면 좋겠지만, 아버지의 월급으로는 자식들 공부
가르치기도 벅차구나. 미안하다."
그때서야 가정 형편을 어느 정도 짐작하고 무용을 접기로
마음먹었어요. 어머니께서 억압적으로 무조건 안 된다고만 하셨으면
반항심에 집을 뛰쳐나갔을지도 모르는데, 어린 저에게 자세히 설명해
주시고, 혹여나 상처받을까 마음을 다독여 주셨지요.

결혼 후에 직장생활을 할 때에도 살림을 살펴 주시고, 아이들도 돌봐
주셔서 힘든 직장생활을 잘 해 낼 수 있었어요. 어머니 덕분에 20년
넘게 직장생활을 하여 노후에 연금을 받을 수 있었습니다.

어머니는 정신적으로도 많은 도움을 주셨지요. 저에게 용기와 힘을
주시고, 지혜롭게 살아가는 방법을 몸소 보여 주셨어요. 크나큰
은혜를 입었는데, 저는 어머니께 제대로 해 드린 게 없어 죄송합니다.

평생 자식들을 위해서 사신 어머니.
건강이 회복되어 고통이 사라지기를 항상 기도드려요.
어머니, 사랑합니다!

사랑하는 어머니딸 방희숙

영원히 함께 할 것 같았던 엄마!
누군가가 위로처럼 건넸던,
기억되는 사람은 살아있다는 말이 생각나요.
엄마, 언제나 기억하겠습니다.
사랑해요. 편안히 쉬세요.

언제나 기억할게요

불어오는 새벽바람에도 더위가 묻어나는 여름날이에요.
이 새벽, 가만히 앉아 있자니 언제나 이른 새벽에 일어나 정화수
한 그릇부터 떠 놓고 하루를 시작하시던 엄마의 모습이 생각이
나요. 부뚜막 선반 위에 떠 놓은 한 그릇의 물에 엄마는 어떤 마음을
담으셨을까?
군에 입대한 자식, 학업으로 객지에 나가 있는 자식들의 안녕을
기원하며 떠 놓으셨던 정화수와 밥 한 그릇에 담긴 엄마의 마음을
이해하는 나이가 되었나 봐요.
손 닿고 시선 가는 것마다 자식의 평안을 기도하며 애정을 쏟으시던
엄마의 정성이 있었기에 우리가 이렇게 건강하게 자라 가정을 이루고,
내 아이의 안녕을 기원하는 오늘을 맞이하였어요. 엄마, 베풀어 주신
사랑에 다시 한번 감사드려요.

영원히 함께 할 것 같았던 엄마!
누군가가 위로처럼 건넸던, 기억되는 사람은 살아 있다는 말이
생각나요.
엄마, 언제나 기억할게요.

 이재란

우리 엄마 주머니는 요술 주머니

우리는 깊은 산속 하늘 아래 친인척 일곱 가구가 옹기종기 모여 사는 곳에서 살았지요. 밤에 마루에 앉아 하늘을 보면 별들이 총총 빛나는 아름다운 시골 마을이었어요.
밭에서 일하던 엄마가 점심때가 되어 집에 오실 때면 몸뻬 주머니 속에 질경이, 민들레, 돌미나리, 두릅, 머위 같은 것들을 가득 넣어 오셨어요. 엄마의 몸뻬 주머니에는 요술 주머니처럼 내가 바라는 선물이 들어 있었어요.

세월이 흐른 지금도 엄마는 여전히 몸뻬를 사랑하시지요.
주머니 속에는 여전히 무언가가 가득 들어 있어요. 필요한 물건이 되겠다 싶은 것은 모두 주머니에 넣으시지요. 위험한 철사도 넣고, 먹기 힘들어 보이는 풀도 약초라며 넣고, 심지어는 당신이 먹으려던 과일을 손자 챙겨 준다고 넣어 주머니가 무지개색으로 물들기도 하지요.

며칠 전에는 차 안에서 엄마가 내가 좋아하는 방울토마토를 꺼내 주시는데, 위험해 보이는 철사가 같이 나왔어요. 뾰족한 걸 넣었다가 다칠까 싶어 저는 화를 냈어요.
"엄마, 주머니에 이상한 것 좀 넣고 다니지 마세요!"
여기까지만 했더라도 좋았으련만, 정신 똑바로 차리시라고 심한 말까지 퍼부었지요. 그 옛날 산골에서 청주로 유학 나와 여중까지

다니셨던 분인데. 엄마는 미안한 듯 제 눈치를 보셨지요. 함께 타고
있던 제 아들이 조용히 말했지요.

"할머니, 이제 주머니 속에 사탕 넣고 다니세요. 저는 할머니가
주시는 사탕이 제일 좋아요."

그러자 엄마는 주머니를 주섬주섬 뒤져 사탕 하나를 꺼내 손자에게
주셨지요. 엄마가 시장에 다녀오실 때면 저에게 사다 주시던
그 사탕을요. 저는 엄마와 아들 모두에게 부끄러워져 그만 말문을
닫았어요.

엄마, 무엇이든 작은 것 하나라도 챙겨 주고 싶어서 그러시는 거 저도
잘 알아요. 그런데도 표현이 서툴러 화부터 내었네요.
엄마를 너무 편하게만 생각하다 보니 가끔은 해선 안 될 말도
서슴없이 하게 되고, 내뱉고 난 후에야 후회를 하네요. 죄송하고
사랑해요.

 이은옥

부끄럽지 않게 살아갈게요

마지막으로 뵈었던 어머니 얼굴이 아련하게 떠오르는 밤입니다.
허약하신 몸으로 평생 우리 일곱 남매 뒷바라지하느라 많이
힘드셨지요. 어머니의 삶의 무게를 제 나이 칠십이 되어서야 비로소
이해할 수 있게 되었어요.

가난한 시절 늘 배가 고파 어린 일곱 남매는 먹을 것을 찾아 시도 때도
없이 부엌을 드나들었어요. 자식들 배곯지 않게 하시려고 어머니는
무던히도 애를 쓰셨지요. 밤마다 등잔불 아래서 해진 옷과 양말을
기워 주시던 모습이 지금도 눈에 선해요.

어머니 덕에 우리 일곱 남매 잘 성장해서 각자 자기 자리에서
부끄럽지 않게 살고 있어요. 예술에 대한 재능을 살려서 시를 짓고
그림도 그려요. 시낭송회가 있거나 전시회가 있으면 함께 참석해
우애를 나누며 일곱 남매 모두 하루하루 즐겁고 행복하게 살고
있어요.

하늘에 계신 어머니, 우리 걱정 마시고 편히 쉬세요.
어머니, 감사하고 보고 싶어요.

 조효순

구름 한 점 없는 하늘에 쓸쓸함이 번져요

햇살조차 슬퍼 보이는 날이에요. 그리움은 어디서 오는 걸까요.
사람에게는 지난 일을 잊어버리는 망각이 있기에 살아갈 수 있다고
하지요. 그러나 잊히지 않고 지난 시간의 무게만큼 더욱 깊어지는
그리움도 있더군요.

당신께서는 자식들에게 아픈 속내를 한 번도 드러내지 않으셨지요.
오 남매 크는 모습을 보며 마냥 행복해 하셨어요. 학교에서 변변치
않은 상장 하나라도 받아 오면 장하다, 하시며 함께 기뻐해 주셨지요.
어머니의 행복한 웃음을 보며 우리는 꿈을 키워 나갔어요.
어머니께서는 내생을 믿으셨는지, 다음 생에는 남자로 태어나면
좋겠다는 말씀을 자주 하셨지요. 어머니께서는 공부하는 것을
좋아하셨지만 여자라는 이유로 진학을 포기하셔야 했지요.
옛 어른들은 여자가 공부를 많이 하면 팔자가 세어진다고
여기셨으니까요.

언젠가 어머니 얼굴에 수심이 가득하기에 무슨 일이냐고 여쭈었더니,
어떤 사람이 어머니께 백수(百壽)에 이른다고 말했다 하셨지요.
"나는 너무 오래 살고 싶지 않구나. 자식이 건재해야지, 내가 오래
사는 게 무슨 의미가 있겠니. 오래 살다가 먼저 가는 자식이 있을까 봐
두렵구나."

오는 순서는 있지만 가는 순서는 없는 게 인생사이지요. 마지막
순간까지도 어머니는 당신 보다 자식을 먼저 생각하셨어요.

그렇게 말씀하시던 어머니께서 "식사하세요"하면 금방 먹은 밥을
또 먹으라고 한다며 투정을 부리셨지요. 한 손에 치약을 쥐고서
빨개진 얼굴에 로션처럼 바르셨어요. 어머니는 예쁜 치매를 앓고
계셨어요.

입버릇처럼 너희에게 짐 되면 안 될 텐데, 하시더니 태화강변에
동풍이 불던 날 자식들의 오열을 뒤로 한 채 눈을 감으셨지요.
입관을 앞두고 이승에서 어머니와 마지막 인사를 하는 자리.
이제 다시 볼 수 없다는 애통함에 눈물 콧물 범벅이 된 얼굴로
어머니를 와락 껴안았어요. 어머니는 더럽다 하지 않으시고 누워만
계셨지요. 어머니의 얼굴에 내 얼굴을 부볐어요. 따스했던 온기는
바람에 다 날려 보내고 돌처럼 차갑게 굳어버린 어머니.
오 남매 키우느라 인고(忍苦)와 인욕(忍辱)으로 녹아 버린 어머니.
그리운 모정(母情)을 달랠 길 없어 마음은 어머니 산소로 향해요.
"어머니 사랑합니다."

 윤현수

고마워요. 사랑해요, 엄마!

엄마, 요즘 힘드시죠?

동생이 입대하던 날 훈련소 앞에서 동생을 배웅하고 돌아오면서
많이 우셨죠. 그런 엄마를 보면서 저도 마음이 아팠어요. 넷이었던
우리 가족은 당분간 셋이네요. 동생이 집을 비우니 들어오면 왠지
허전해요. 동생의 자리가 그만큼 컸나 봐요. 너무 염려하지 마세요.
동생은 군 생활 잘할 거예요. 동생이 군대에 가 있는 동안 제가 동생
몫까지 노력해서 빈자리를 채워 드릴게요.

지금 카페에서 아르바이트하고 있는데 저는 이 일이 정말 마음에
들어요. 나중에 엄마와 함께 카페를 운영하고 싶어요. 예쁜 카페를
차려서 맛있는 커피도 팔고, 엄마와 알콩달콩 즐겁게 지내고 싶어요.
남은 시간을 함께 보내며 좋은 추억을 차곡차곡 쌓아 가고 싶어요.
엄마, 가끔은 제가 엄마에게 짜증 내고 툴툴거리기도 하지만 그게
제 본마음은 아니라는 걸 알아주셨으면 해요. 엄마와 가깝고 편하게
지내다 보니 생각 없이 불쑥 짜증도 내게 되고 그러네요. 이 세상
그 누구보다 엄마를 많이 사랑하고 항상 응원하고 있어요.
지금 제 나이 스물세 살. 곁에서 항상 저를 응원해 주시고 제 앞길 닦아
주셔서 감사합니다.

언젠가 그러셨지요. 다음 생에도 외할머니의 딸로 태어나고
싶다고요, 저도 마찬가지예요. 다음에도 엄마의 딸로 태어나고
싶어요.

이번 생에 그랬던 것처럼 다음 생에도 엄마를 만나 인연의 실을 곱게 엮어 갈 수 있으면 좋겠어요. 외할머니에게서 엄마에게로, 엄마에게서 저에게로 이어지는, 엄마와 딸이라는 인연이 참으로 소중하게 여겨져요. 엄마, 사랑해요.

✉ 엄마를 사랑하는 첫째 딸 오지연

엄마, 사랑하고 고마워요. 엄마는 최고예요!

평소에는 엄마 회사 가시고 저도 학교 가느라 같이 있는 시간이
적었는데, 지금 방학이라 같이 밥도 먹고 이야기할 수 있는 시간도
많아서 좋아요.

엄마가 퇴근해서 집에 오실 때면 제가 반기는 목소리를 듣고,
지치신 표정에도 높고 밝은 소리로 인사를 하시지요. 피곤하실 텐데
자기 전에 저의 하루를 물어봐 주시고, 회사에서 있었던 일들을
말씀해 주시며 대화를 열어 주셨죠. 항상 먼저 다가와 주시고,
웃는 모습으로 저와 마주해 주셔서 감사해요.

엄마, 항상 건강하시고 앞으로는 제가 아닌 엄마를 위해서 시간을
보내셨으면 좋겠어요. 저는 엄마랑 있을 때 항상 웃는 그리고 엄마를
웃게 해 주는 딸이 되도록 노력할게요.
세상에서 가장 감사한 일은 엄마의 딸로 태어난 일이에요.
우리 가족이 다 같이 보낸 시간을 사진으로 보고 다시 생각해 볼
때마다 지금의 행복은 다 엄마의 희생과 노력으로 이루어졌다는
생각에 감사하면서도 죄송해요.
엄마, 사랑하고 고마워요. 엄마는 최고예요!

✉ 딸 한효진

엄마가 내 엄마라 얼마나 행복한지 몰라

엄마, 안녕? 나 엄마 딸 유진이야.
오랜만에 쓰는 편지라 그런지 어색하고 부끄럽지만, 엄마에 대한
내 고마운 마음 꾹꾹 눌러 담아 쓸 테니까 잘 읽어 봐줘. 난 왜 항상
엄마만 생각하면 마음이 짠하고 눈가가 시릴까? 내가 커간다는 건
엄마가 늙어간다는 건데, 시간이 흐를수록 엄마 몸이 성치 않고
얼굴에 주름이 하나둘씩 늘어 가는 걸 볼 때마다 그동안 엄마를 잘
몰라주고 나만 생각한 것 같아 미안하기만 해.

어릴 적엔 나를 위한 엄마의 헌신을 당연하게 생각했어. 그건 철없는
오산이었고 지금은 그런 생각을 했다는 게 부끄러워. 지난 25년 동안
엄마의 노고가 있었기에 지금의 내가 있는 건데 말이야. 재주 많고
뭐든 배우면 잘하는 엄마가 가족을 위해 살면서 많은 걸 포기해야
했지. 편지를 빌어 전하지만 엄마를 진심으로 존경해.

살아가면서 수없이 많은 선택을 하고, 때론 지쳐 포기하고 싶은
순간들을 마주할 때마다 나를 온전히 믿어 주는 엄마가 있어서 얼마나
든든했는지 몰라. 항상 내 편이 되어 주고 용기를 불어넣어 줘서
고마워. 엄마의 믿음 덕분에 자신감을 가질 수 있었고, 그 어떤 역경이
와도 당당하게 맞설 수 있었던 거 같아.
끝이 보이지 않는 취업 준비를 하고 있는 지금도 나 홀로 어두운 동굴
속을 걷고 있는 기분이 들 때가 많지만 응원해 주는 엄마가 있어

큰 힘이 돼. 엄마한테 자랑스러운 딸이 될 수 있도록 열심히 할 테니 지켜봐 줘.

엄마랑 수다를 떨 때면 내가 엄마한테 "엄마는 내가 엄마 딸이라 좋지?"라는 말을 자주 하는데, 솔직히 "엄마가 내 엄마라 얼마나 행복한지 몰라."라는 말을 꼭 하고 싶었어.

내 인생 최고의 행운은 엄마 딸로 태어난 거야. 부족함 없이 사랑받는 사람으로 예쁘게 키워 줘서 감사해요.

마지막으로 내가 엄마한테 하고 싶은 말은, 이젠 엄마가 진짜 원하는 걸 하며 살았으면 좋겠어. 지금까지 우리 엄마로 열심히 살아왔으니 지금부터라도 엄마가 하고 싶었던 거 맘껏 하면서 살아요. 엄마가 나를 믿어 주었듯 나 역시 엄마의 눈부시고 찬란한 인생을 진심으로 응원해.

유독 웃는 모습이 예쁜 우리 엄마. 지금보다 더 자주 웃고 행복했으면 좋겠어. 내가 엄마 많이 웃을 수 있도록 해 줄게. 엄마 나 믿지? 엄마가 준 사랑에 비할 바는 못 되지만 정말 정말 사랑해.

엄마의 정성에 보답하면서 살 테니 지금처럼 몸 건강히 내 옆에 오래오래 있어 줘. 수없이 말해도 부족할 만큼 고맙고 사랑해요.

 나유진

이승에서 엄마에게 보내는 편지

엄마, 기억하세요?

동생과 제가 아주 어렸을 때 "도훈아, 유라야 엄마가 누구지?" 하고
물어보신 적이 있지요.

도훈이는 "엄마는 천사야, 엄마가 자장가 불러 주면 금방 잠이 들어.
꿈속에서노 하늘나라를 구경할 수 있고, 무서운 일이 생겨도 우리를
안전하게 지켜 주니까 수호천사지."라고 대답했지요.

그때 저는 "아니야 엄마는 의사야. 아픈 배도 엄마의 손이 쓸어 주면
금방 괜찮아지고, 감기에 걸려 머리가 아플 때도 엄마가 이마를 맞대
주면 금방 나아지잖아. 그러니까 엄마는 의사가 맞지."하고 목청 돋워
대답했지요.

우리 남매에게 엄마는 든든한 수호천사였고, 유능한 의사였고,
궁금한 건 무엇이든 다 해결해 주는 지혜의 여신 아테나였고,
아름다움의 상징 아프로디테였어요.

우리 남매가 20대 초반에 접어들었을 때 그 몹쓸 암으로 투병하시다가
이승에서의 인연을 마감하셨지요. 그날 세상의 모든 것이 무너지는
것 같았어요. 군에 입대해 훈련을 마치고 갓 자대에 배치된 도훈이가
엄마의 임종 소식을 접하고 달려와 통곡을 했어요. 통곡이 아니라
수호천사를 잃은 동생의 처절한 절규였어요.

남은 우리 세 식구에게 쏟아 주신 엄마의 사랑을 어찌 필설로 다할 수
있겠어요.

저는 교육행정 공무원으로 직장생활을 충실히 하고 있어요. 극심한
취업난 속에서도 엄마의 가호와 음덕에 힘입어 도훈이와 저는
당당하게 사회에 진출했어요.
<부모은중경>에 부모님의 은혜에 보답하는 가르침이 있더라고요.
끝없이 보시하고, 부모에 대한 재계를 소중히 하고, 복을 스스로 짓는
것이라고.

엄마, 그럴게요. 매사를 바르게 하고, 엄마, 아빠의 은공을 잊지 않고,
남을 배려하고 베푸는 삶을 살게요. 결코 부모 욕되게 하지 않을게요.
엄마, 고마워요. 사랑해요, 엄마!

✉ 김유라

엄마한테 보냈던 편지를 발견했어

얼마 전에 우연히 예전에 엄마한테 보냈던 편지를 발견했어.
고등학교 1학년 때 어버이날을 맞이해서 쓴 편지였던 것 같은데,
그 편지를 읽으면서 엄마 마음이 굉장히 아팠겠다 싶더라고.
스물네 살인 내가 편지에서 본 열일곱 살 영선이는 자존감도 낮고,
사람들 눈치도 많이 보면서 말로는 노력하고 있다고 하지만 다른
사람들과 본인을 비교하며 자신을 스스로 깎아내리고 있었어.
그 모습이 얼마나 안쓰럽고 속상했는지 몰라. 나도 이렇게 마음이
아프고 눈물이 나는데, 그 당시의 엄마는 얼마나 힘들었겠어. 엄마가
나를 왜 그렇게 걱정했는지 이제야 알겠더라.

나는 어릴 때부터 몸이 약해 병치레가 잦았고 커서도 크게 아파 엄마
걱정 많이 시켜드렸지. 사건 사고도 많아서 엄마 속을 까맣게 태우다
못해 아예 잿더미로 만들고, 남들보다 한발 늦으면서 자존감도
낮았으니 얼마나 걱정이 많았겠어. 내가 부모였어도 그랬을 거야.

그랬던 아이가 커서 벌써 스물네 살이 됐어.
이젠 걱정할 만큼 아프거나 자존감이 낮지도 않고 다른 사람들과 나를
비교하지도 않아. 다른 사람들 눈치 보면서 잘 보이려고 노력하지도
않고. 그럴 시간 있으면 내 가족과 나를 더 챙기지, 안 그래? 이제 나는
누구보다 당당하고 행복한 삶을 살아.

돌고 돌아 결국 내가 원했던 일을 하면서 매일 아이들과 함께 지내고, 돈도 벌어서 가족들에게 해 주고 싶었던 것도 마음껏 해 줄 수 있어서 얼마나 행복한지 몰라.

그러니까 엄마, 더 이상 내 걱정하지 말고 힘들면 기대요. 엄마가 기댈 수 있을 정도로 컸으니까. 누구보다 가족을 먼저 챙기고 집안의 강아지이자 아들 역할을 맡고 있는 딸 영선이 아닙니까.

세상에서 제일 존경하고 사랑합니다! 어머니!

박영선

엄마, 첫째 딸 효진이에요

곧 있으면 제 생일이어서인지 이런저런 일들이 떠오르네요. 엄마의
보살핌과 지원 덕분에 제가 이만큼 성장할 수 있었고 감사하는 마음에
이렇게 편지를 쓰게 되었어요.
어렸을 때 좁은 집에서 북적북적하게 살던 때가 엊그제 같은데 벌써
많은 시간이 흘렀네요. 그 당시 외할아버지도 편찮으셨고 동생도
아파서 엄마가 간호하느라 무척 힘드셨죠. 제가 비록 어렸지만
힘들어하는 엄마 모습 보면서 무척 슬펐어요. 그런데 엄마는 힘들어도
더 열심히 사셨어요. 슬픈 감정을 금방 털고 일어나는 엄마를 보면서
저도 엄마와 같은 어른으로 성장하고 싶다고 생각했어요.

이사를 했을 때는 행복한 일들만 있을 줄 알았는데, 막내가 아파서
엄마, 아빠가 걱정 많이 하셨죠. 그 모습을 보면서 나까지 힘들게
하지는 말아야겠다고 다짐했어요. 맏이로서 더 강해지려고
노력했던 것 같아요. 지금은 동생들 모두 건강하게 잘 지내고 있어서
다행이에요.

저는 하고 싶은 것도 많고, 배우고 싶은 것도 많아 부모님께 경제적인
부담을 자주 드리게 돼요. 다른 친구들처럼 하고 싶은 걸 다 할 수
없다고 눈물을 보였던 때도 많았지요.
엄마가 해 주기 싫어서 안 해 주는 게 아닌데, 동생들에게도 지원을
해 줘야 해서 그랬던 건데, 눈물부터 보이는 저를 보며 얼마나

속상하셨을까요. 충동적인 감정을 조절하지 못해서 죄송해요.
첫째로서 엄마의 자랑이 되고 싶은데 못난 모습 보여서 죄송한 마음이
커요. 요즘 엄마가 여기저기 아프고, 스트레스 받고 약해지는 것 같아
마음이 아파요. 예전에 힘든 일 겪으면서도 별일 아니라는 듯이
툭 털고 일어나신 것처럼 지금의 아픔과 스트레스도 잘 이겨 내셨으면
좋겠어요.
앞으로도 힘든 일과 즐거운 일은 함께 나누고, 어려울 때는 기대면서
서로에게 힘이 되어 주는 행복한 가정이 되었으면 좋겠어요.
말로 표현하지는 못했지만, 엄마를 많이 좋아하고 엄마의 행복을
누구보다 바라고 있어요.

마지막으로 엄마, 저를 낳아 주셔서, 모든 일에 있어서 저한테
항상 잘할 것이라며 무한한 믿음과 사랑을 주셔서, 행복한 감정을
느끼게 해 주셔서 감사해요. 모든 일을 열심히 하고 부끄럽지 않은
딸이 될게요. 항상 건강하세요. 사랑합니다.

 엄마딸 육효진

가로등과 벤치

엄마, 우리 엄만 가로등이었습니다.
깜깜한 밤에도 쏟아지는 빗속에도
밝은 빛으로 나를 감싸 주는
눈에 띄지 않아도 아무도 바라봐 주지 않아도
내가 지나는 길을 지켜 주는
엄마, 우리 엄만 가로등이었습니다.
이제 나는 가로등 곁을 지키며 밝게 미소 짓는
가로등 아래 벤치 같은 아들이 되어 보렵니다.

엄마께 감사함을 전하는 편지를 쓰려니 막상 어떻게 쓸지 몰라 엄마에
대한 제 마음을 시로 써 봤습니다. 이번 기회를 통해 그동안 저를
키워 주시고, 보살펴 주신 엄마의 은혜에 대해 다시 생각해 볼 수
있었습니다.
사춘기를 겪으면서 엄마께 상처도 많이 드렸는데, 시의 마지막 행처럼
앞으로는 엄마 곁을 지키는 든든하고 자랑스러운 아들이 되고자
합니다. 언제나 저에게 훌륭한 가르침을 주시고 올바른 길로 이끌어
주셔서 진심으로 감사합니다.

나석원

우리를 낳아 주셔서 정말 감사합니다

엄마, 제가 초등학교 6학년 어버이날 때 엄마, 아빠께 드린 편지 혹시
기억하세요?
우리 가족은 정말 많은 일이 있었지만, 어려움을 이겨 내고 건강하게
잘살고 있으니 앞으로 어떤 일이 닥쳐도 잘 헤쳐 나갈 수 있을 거라고
했었지요.

예전에도 그랬고, 지금도 우리 가족은 정말 강하다는 생각이 들어요.
제가 초등학교 1학년 때 콩팥 수술을 받았잖아요. 처음 수술받아야
한다고 했을 때 놀랐지만, 걱정하실까 봐 안 놀란 척했어요. 학교에서
하는 건강검진에서 이상이 있어 한국병원에서 다시 검사하고
상담받는데, 콩팥에 이상이 있어 수술까지 해야 한다고 했을 때는
머릿속이 정말 하얘지는 것 같았어요. 그 후 서울로 올라가서 콩팥
수술을 했지요. 몇 달이나 입원해 있었는데,
엄마, 아빠가 맨날 청주에서 서울까지 올라오시느라 힘드셨을 텐데
그런 내색 없이 간호해 주셔서 정말 고맙고 미안했어요.

엄마도 뇌수술한 적이 있었지요. 뇌 쪽은 예민한 곳이라 수술하기
까다로워서 걱정을 많이 했어요. 수술하시던 날에 저는 학교에
있었지만, 워낙 큰 수술이라 걱정되어서 아무것도 손에 잡히지
않았어요. 엄마 수술 잘 됐다고 언니한테 전화를 받고 난 후에야 조금
안심했지요.

그 후에도 정말 많은 일이 있었고, 가끔은 힘든 일도 있었지만 그때마다 잘 이겨 냈지요. 몸이 약해서 건강 문제가 많았지만, 정신력은 정말 강한 것 같아요. 어려운 일을 겪고 나면 더 강해지는 것 같아요. 앞으로 이와 비슷한 일이 일어났을 때 잘 대처하는 방법을 배울 수 있으니까요.

우리를 낳아 주셔서 정말 감사합니다.
사랑한다는 말은 쑥스러워서 직접 할 수는 없지만
편지로는 말할 수 있어요.
엄마, 정말 정말 사랑해요.

엄마를 사랑하는 둘째 딸 육효희

늘 고생하시는 어머니

그리 오래되지 않은 삶의 첫 장부터 현재까지의 페이지에는 모두 어머니가 있습니다. 어머니를 생각하면 심장의 속도가 느려지는 기분이 들어요. 늘 고생하시는 어머니. 나는 살면서 어머니만큼 희생하는 사람을 본 적이 없습니다.

이사하기 전 우리 가족은 어머니, 아버지, 외할머니, 나 이렇게 넷이었지요. 행복한 가족은 아니었습니다.
여든이 넘은 외할머니는 중증 치매에 걸려 입만 열면 돈 얘기, 아들 얘기만 반복했습니다. 아들이 죽은 후 내리 딸만 낳아서 시댁 어르신들께 구박을 많이 받았다고 했는데, 그게 가슴에 맺혔던 걸까요. 외할머니는 당신이 받았던 핍박을 당신의 자식들에게 강요했습니다. 그런 행동이 싫었는지 자식들은 외할머니를 외면했지요. 외할머니를 모시는 문제로 어머니는 거의 매일 아버지와 싸웠습니다.
저는 이때 사춘기까지 겹쳐서 끔찍한 시기를 보내야만 했습니다. 그럴 때마다 어머니는 관세음보살을 외쳤습니다. 그 한 마디에는 아무 곳에도 털어 놓을 수 없는 어머니의 속마음이 꾹꾹 눌려 담겨 있었습니다. 어머니는 늘 기도를 하셨어요. 특히 화가 날 때는 자주 관세음보살을 찾았지요. 그 말은 어머니에게 구원이나 다름없었을 것입니다. 현실에서 벗어나고 싶은 마음. 손에 쥔 것들을 다 놓아 버리고 절에 가서 기도하는 것이 어머니의 원이었습니다.

어머니의 한 손에는 외할머니가, 다른 손에는 내가 놓여 있었습니다. 손 위의 것들을 털어 내지 못했습니다. 그저 내가 대학교에 진학할 때까지만 힘내자는 마음으로 버티셨지요. 나는 어머니가 살아가는 이유였고, 동시에 짐이었습니다. 어머니에게 외할머니 역시 같은 의미였을 것입니다.

아버지와 갈등이 커져 이사를 나왔을 때 누구도 경제적 도움을 주지 않았습니다. 어머니는 고된 일에 힘들었을 텐데도 내색하지 않고 다시 일하러 나가셨습니다. 아파도 눕지 못했습니다.

아르바이트를 구하겠다고 말씀드렸을 때 어머니는 그럴 시간에 열심히 공부해서 상학금을 타라고 하셨지요. 집안 형편에 신경 쓰지 말고 공부에 집중하라는 뜻이었지요.

어머니의 무한한 희생에 나는 그저 감사할 수밖에 없었습니다. 감히 어머니를 이해한다거나 공감한다고 말하지는 않겠습니다. 그건 기만이니까요. 아마 이번 생의 끝까지 저는 모를 것입니다. 다만 그 동안 어머니의 삶을 옆에서 지켜보고, 헌신과 사랑을 받은 사람으로서 어머니에게 비애(悲哀)를 느낍니다. 누가 저를 위해서 이렇게까지 할 수 있을까요. 저만을 위해 살아온 세월, 외할머니를 모셨던 5년의 희생을 생각하면 안타깝습니다. 그럼에도 포기하지 않아서 감사하다는 이기적인 마음이 듭니다.

다음 생에는 부디 어머니가 편안했으면 좋겠습니다. 조금 더 나은 삶을 살기를 바랍니다. 꼭 사랑하는 사람을 만나 결혼을 하고, 나보다 훨씬 나은 자식을 얻으시고, 오래오래 행복하셨으면 합니다.

✉ 남궁다혜

저를 낳아 주시고 길러 주셔서 감사합니다

한때는 태어난 게 억울하기도 했고, 시험 문제처럼 정말 사소했던
것들에 매달리며 일희일비했어요. 시간이 지나 지금은 여유가
생겼어요. 세상을 더 넓게 볼 수 있게 되었어요.

이렇게 편지를 쓰다 보니 고등학교 1학년 때의 이야기가 떠오르네요.
중학교 때에는 나름 공부를 한다고 생각했는데, 고등학교에 오고 나서
공부가 중학교 때와는 매우 다르다는 걸 느꼈어요. 그때 좌절감을
느끼면서 많이 예민해져 있었지요. 결국 제 화를 참지 못하고
어머니께 분풀이를 한 적이 있었죠. 한동안 서로 말도 하지 않고
지내다가 결국 제가 먼저 어머니께 사과드렸죠.
그때 어머니께서 '종교도 있는 놈이 뭐가 그렇게 걱정이 많아.'라고
말씀하셨어요. 그 한마디가 그동안 잘못된 길을 걷고 있던 저를
바로잡아 주었어요. 잘못된 방식으로 저만의 부처님을 믿고 있었던
거였죠. 시험 전날처럼 요행을 바랄 때만 부처님을 찾고 있었어요.
이제는 불자로서 마음을 바로 세워 부처님과 함께 힘든 일을 견뎌
내는 사람이 될게요. 어리석었던 저를 깨우쳐 주셔서 감사드려요.

✉ 이도현

웃는 모습이 소녀 같습니다

어머니 얼굴에 내려앉은 세월이 야속하기만 합니다. 그래도
우리 어머니 웃는 모습은 소녀 같습니다. 어머니의 젊은 시절이
궁금합니다.
그때도 지금처럼 시장에서 과일가게 주인과 천 원 이천 원을 놓고
흥정하셨을까요. 힘든 몸 이끌고 두통약 먹어 가며 일을 하셨습니까.
밥 세 끼 먹는 동안 사랑하는 누군가가 생각나 마음 한구석이
아려왔을까요.

어머니에게도 어머니가 계셨죠. 어머니도 저처럼 막내로 태어나 조건
없는 사랑 받으며 자라셨지요. 이제는 우리의 어머니가 되어서 그동안
받아 온 사랑을 우리에게 아낌없이 주고 계십니다. 어머니의 피와
땀과 눈물을 받아 먹고, 우리는 무럭무럭 자랐습니다.

내 새끼 입에 맛있는 것 하나라도 더 들어가는 게 기쁨인 어머니.
화장실 갈 때도 우리 아기 행여 미끄러져 다치지 않게 해 달라
기도하시는 어머니.
피부병 앓는 딸내미를 위해 산에 가서 쑥 뜯어 오시고, 밤새 가려워
하진 않는 지 뜬눈으로 지새운 어머니.
내가 해외에 나갔을 때 꼬박 1년을 기다리며 매일 부처님께 기도해
주셨지요. 귀국했을 때는 내가 제일 좋아하는 잡채를 해 주셨어요.
"수정이 없는 1년 동안 우리 집은 잡채 한 번도 안 해 먹었어."

그 말을 듣고 어찌나 가슴이 찡하던지요.

저를 빛내 주기 위해 빚을 내어 주신 어머니.
당신의 행복보다 우리의 행복이 우선이었고, 당신의 건강보다 우리의
건강이 먼저였던 어머니.

어떻게 하면 무릎 덜 아프게 해 드릴까, 어떻게 하면 어머니 환한 미소
한번 더 볼 수 있을까, 고민하고 노력하겠습니다. 이제는 어머니 삶을
위해 제가 더 많이 효도하겠습니다.

어머니의 딸로 태어나 행복합니다.
다음 생에도 제 어머니로 만나 주세요.

어머니의 자랑 이수정

어머니가 제 어머니여서 자랑스럽습니다.
저도 어머니에게 자랑스러운 아들이 되고자 합니다.

제 어머니여서 자랑스럽습니다

人生無根蔕 하야
飄如陌上塵 이나
母根哺子育 하니
此知養育恩 이라
落地動風波 라도
其本不斷切 이라

인생은 뿌리도 꼭지도 없어서

길 위에 흩날리는 먼지와 같으나

어머니의 뿌리가 자식을 먹여 살리니

이에 길러 줌의 사랑을 알겠네.

세상에 나와 풍파에 흔들릴지라도

그 뿌리는 끊어지지 않으리.

어머니께 처음으로 한 수 지어 보냅니다. 아버지의 빈자리를 자식이
느낄까 항상 염려하시고, 밤낮 기도하시던 그 모습이 아직도 눈에
선합니다. 어머니가 제 어머니여서 자랑스럽습니다.
저도 어머니에게 자랑스러운 아들이 되고자 합니다.
항상 건강하시고 청안(淸安)하세요. 사랑합니다.

아들 윤성원

어머니를 이길 사람은 아무도 없다

바른 사람이 되길 바란 가르침
옳은 사람이 되길 원한 다그침
나만 모르는 나를 위한 당신의 외침일 것이다.

허나 위하는 외침도 외면한 채
이에 대척에 섰을 때
역시 나를 위한 당신의 외침은 이어졌다.

나를 위하는 지속된 외침들이
모여 속박이 아님을 깨달았고
비로소 어머니의 진심에 순응하는
나와 마주하게 되었다.

시 한 편을 지으며 어머니의 노고와 헌신을 돌아보았습니다.
제가 현재 이 자리에 오기까지 힘써 주신 어머니께 감사드립니다.

✉ 배효찬

세상 무엇과도 바꿀 수 없는 나의 어머니

엄마!

매미 소리 들리는 뜨거운 여름날, 잘 지내고 계시는가요?

일이 바쁘다는 핑계로 엄마께 안부 전화 자주 하지 못해 죄송해요.

그래서 오늘은 이렇게 엄마께 마음을 담은 편지 한 장 적어 봅니다.

어렸을 땐 엄마의 소중함을 잘 몰랐어요. 저에게 주시는 사랑, 저에게 베푸신 일들을 그저 당연하다고 생각했어요. 그래서 너무 철없이 굴었죠.

일 때문에 제 졸업식과 학교 행사에 엄마가 못 오시는 게 속상했어요. 엄마가 미웠어요. 그때 모진 말들과 행동으로 엄마 마음에 상처 내서 죄송해요. 늦었지만 죄송했다는 말 꼭 전하고 싶어요.

'사랑'이라는 마음 하나로 저를 키워 주셔서 감사합니다.

출근 준비로 바빠도 자식 밥은 꼭 먹여야 한다고, 매일 아침밥을 정성스럽게 차려 주셨지요. 정작 엄마는 자리에 선 채로 물에 말아서 끼니를 해결하셨던 모습이 떠올라 마음이 아프네요.

엄마의 희생이 있었기에 제가 이렇게 훌륭한 딸로 자랄 수 있었어요. 정말 감사합니다. 이제는 제가 받은 사랑을 엄마께 보답할 차례인 것 같네요. 더 열심히 일해서 좋은 곳에 함께 가고, 좋은 옷과 좋은 음식 엄마께 드릴게요. 엄마가 제게 그렇게 해 주셨던 것처럼.

세상 무엇과도 바꿀 수 없는 나의 어머니, 사랑합니다.

여름날 엄마를 생각하며 박민아

세상에서 제일 예쁜 우리 엄마

나도 곧 있으면 고등학생이 되네. 중학교 입학한 게 엊그제 같은데
시간이 정말 빨리 지나가는 것 같아. 되돌아보면 엄마한테 버릇없이
굴었던 적이 많았어. 방 정리하라는 말에 짜증부터 냈지. 그냥 네,
하고 대답하면 되는 일을 괜히 말대답해서 서로 기분 나쁘게 할 일을
만들었지. 엄마, 아빠한테 많이 혼나고 그랬는데 지금 생각해 보면
왜 그랬을까 싶기도 해.
엄마가 아파서 병원도 다니고 약도 먹고 그랬는데, 언젠가는 구급차도
왔었잖아. 그제야 내가 엄마를 너무 힘들게 한 건 아닌가 하는 생각이
들더라. 정말 미안했어.
내가 아플 때면 엄마는 곁에서 이야기 들어 주고, 내가 원하는 거 다
해 줬는데, 엄마가 아픈 거 알면서도 집안일 돕는 거 싫어하고,
귀찮아서 안 하려 했던 게 너무 부끄럽고 미안해. 엄마는 나뿐만
아니라 언니 오빠도 챙겨 줘야 하는데, 그 많은 집안일 중에서 설거지
정도는 도왔어야 했는데.

이제는 집안일도 돕고, 제 방도 잘 정리할게요.
엄마, 내가 친구들과 싸웠을 때 내 얘기 잘 들어주고 걱정해 줘서
고마워. 엄마 아니었으면 혼자 속으로 상처 많이 받았을 거야. 옆에서
나를 이해해 주고 든든하게 지지해 줘서 위로가 됐어요.
공부에 부담 주지 않은 것도 고마워. 첫 중간고사 때 무조건 잘 봐야 할
것 같아서 긴장을 많이 했어. '부담 갖지 말고 열심히 해 봐.'라고 말해

쥐서 고마웠어요. 엄마가 작은 목표 세워서 열심히 해 보라고 했을 때
응원이 되는 것 같았어. 이제 남은 시험은 열심히 해 보려고. 100점도
맞아 보고!

항상 날 걱정해 주고 응원해 주고, 사랑해 줘서 고마워. 아직 철없고
부족한 나 때문에 고생하는 우리 엄마. 아프지 말고 오래 살았으면
좋겠어.
사랑해, 엄마!

엄마를 사랑하는 늦둥이 한채영

평생 엄마 품속에서 살 것 같았는데

벌써 열아홉을 지나 이제 스무 살을 앞두고 있네. 사실 나는 요즘 설레기도 무섭기도 해.

스무 살을 앞둔 시점에서 우리 엄마의 20대, 청춘은 어땠을까? 라는 생각을 해 봤어. 돌이켜 생각해 보니 엄마는 젊은 시절을 온전히 나랑 효진이를 키우면서 보냈다는 걸 깨달았어. 내가 온실 속의 화초처럼 누렸던 모든 것들이 사실은 당연하지 않았다는 것도 알게 됐지. 어렸을 때 엄마가 보여 준 사진첩 기억나? 그 사진첩에는 엄마의 젊은 시절이 기록되어 있었어. 나를 가졌을 때, 효진이가 태어났을 때, 우리가 자랄 때. 4권의 사진첩 속 사진 아래에는 엄마의 편지가 빼곡하게 적혀 있었어. 지금도 그 편지를 잊을 수 없네.

사진 속의 젊은 엄마는 긴 생머리에 빨간 원피스를 입고 있었어. 엄마는 활짝 웃고 있었지. 그 사진을 보면서 생각했어. '이렇게 예쁘고 빛나는 사람이 나를 빛내 주고 있었구나.' 그리고 오늘 엄마 얼굴을 봤는데, 엄마 얼굴에 남아 있는 세월의 흔적이 내 마음을 아프게 했어.

나는 항상 무뚝뚝한 딸이었지. 엄마가 아무리 맛있는 걸 해 줘도 맛있다는 말 한마디 하는 게 어려웠고, 엄마에게 아무리 고마워도 고맙다는 말 한마디 하기가 어려운 딸이었어. 원래 사람 마음 전하는 게 제일 어렵다고 하잖아. 나에게 가깝고 소중한 사람일수록 마음을 표현하기가 더 어려운 것 같아.

이번 생에 엄마를 만나서 사랑 듬뿍 받으면서 컸어. 엄마가 했던 것처럼 나도 주위 사람들에게 사랑을 듬뿍 주는 사람이 될게.

엄마처럼 나도 누군가의 삶에 스며드는 좋은 사람이 될게.

그러니까 이제 엄마도 나의 행복을 위해 한쪽에 고이 접어둔 엄마의 아름다운 청춘을 마음껏 펼쳤으면 좋겠어. 조금 시간이 흘러서 빛바랬을지라도. 이 세상에서 제일 예쁜 우리 엄마 언제나 응원할게.

엄마가 나이 먹어 가는 게 너무 슬프고 두려워. 엄마가 없는 삶은 상상할 수도 없어. 내가 엄마한테 받은 사랑 다 돌려 줄 수는 없겠지만 우리 오래 행복하게 살자.

항상 나랑 효진이를 첫 번째로 생각해 주는 엄마지만, 앞으로는 첫 번째 말고 두 번째 하게 해 줘. 엄마의 남은 인생에서는 엄마가 첫 번째가 되었으면 좋겠어.

사랑해 엄마.

✉ 엄마의 큰 딸 한효정

어머니, 낳아주시고 길러주셔서 감사합니다.

이 세상에서 가장 아늑한 집은 어디일까요?

저는 이 질문에 엄마 뱃속의 아기집이라고 대답하고 싶습니다.

모든 사람은 아기집에서 생겨나 자라면서 엄마와 인연을 맺습니다. 아기집에서 아이는 열 달 동안 탯줄을 통해 엄마와 소통을 합니다. 아기집은 모든 사람의 최초의 집이고, 엄마는 모든 사람이 이 세상과 소통하는 최초의 방식입니다.

우리가 처음 배우는 말도 엄마이고, 우리가 살면서 가장 가슴 벅차오르는 말도 엄마입니다. 이 세상의 그 무엇과도 비교할 수 없을 만큼 엄마는 귀하고 소중한 인연인 것입니다.

대한불교 천태종 명장사가 '울 엄마에게' 공모전을 진행하는 일은 쉽지 않았습니다. 우선, 많은 분들에게 편지쓰기를 권선하는 것 자체가 어려운 일이었습니다. 하지만 대중은 정성을 다하면 이루어진다는 신념을 버리지 않았습니다. 그러자 정성 어린 편지들이 한 편, 두 편 모이기 시작했습니다.

덕분에 세상의 엄마들과 만날 수 있는 기회를 얻을 수 있었습니다. 유난히 더웠던 올해 여름에는 세상의 엄마들이 건넨 자비로운 손길을 느끼느라 무더위도 잊은 채 행복하게 보낼 수 있었습니다.

비록 행사는 끝났지만, 저는 아직도 진심어린 편지를 보내 주신 불자님들의 따뜻한 마음을 잊지 못합니다.

"글 솜씨가 없어서 편지를 못 쓴다"고 말씀하고는 엄마에 대한 사연의 보따리를 술술 풀어 편지를 보내 주신 명장사 식구들. 그들의 편지에는 가슴 저릿한 사연들이 담겨 있었지요. "3년 전 엄마로부터 받은 편지에 드디어 답신을 할 수 있었다"며 제 손을 잡고 기쁨의 눈물을 흘리신 분도 계셨고, "엄마가 홀로 6남매를 키우고 돌아가신 까닭에 은하수 길이 열리어 꿈에서라도 뵙고 싶다"고 말씀하시는 분도 계셨습니다. 수많은 참가자 분들께 깊은 감사의 말씀을 전합니다.

엄마로 산다는 것은 끝이 없는 고행 길인 동시에 수행 길입니다.

엄마는 밤낮으로 애오라지 자식이 잘 되기만을 기도하고, 자신을 돌보기보다는 자식을 돌보고, 자식을 위해서는 온갖 희생을 마다하지 않으니까요. 낳아 주시고, 품어 주시고, 손발이 다 닳도록 사랑으로 길러 주신 이 세상 모든 엄마들의 희생은 우리들 가슴속에 영원히 눈부시게 빛날 것입니다.

부족함이 많은 제게 이렇게 뜻 깊은 행사를 진행할 기회가 주어져 수행자로서 한 걸음 더 정진할 수 있는 기회였습니다.

끝으로 귀한 편지들이 하나하나 모여 책으로 발간되기까지 많은 성원과 아낌없는 격려를 보내 주신 참가자 분들, 그리고 책의 주인공이신 이 세상 모든 엄마들께 감사의 말씀을 올립니다.

편집위원 김미선 합장

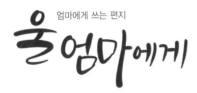

엄마에게 쓰는 편지

울 엄마에게

펴낸일 2022년 4월 3일

엮은이 정도웅
펴낸이 정도웅
펴낸곳 대한불교천태종 명장사
　　　 충북 청주시 상당구 용담로31번길 2-13
　　　 Tel. 043-223-0322

제작　 도서출판 감로
　　　 서울 종로구 율곡로4길 9
　　　 Tel. 02-723-4306
　　　 www.gamro.co.kr
등록　 제1992-000005호
그림　 용정운

ISBN　 979-11-977616-0-7 (03000)
값　　 16,000원